创客样本工作室·创心系列之一

创心闪耀光谷

◎钟惠波 唐兆希 著

北京理工大学出版社
BEIJING INSTITUTE OF TECHNOLOGY PRESS

图书在版编目（CIP）数据

创心闪耀光谷/钟惠波，唐兆希著．—北京：北京理工大学出版社，2018.4

ISBN 978-7-5682-5568-4

Ⅰ．①创…　Ⅱ．①钟…　②唐…　Ⅲ．①高技术产业-产业发展-研究-武汉　Ⅳ．①F127.633

中国版本图书馆CIP数据核字（2018）第088983号

出版发行／北京理工大学出版社有限责任公司
社　　址／北京市海淀区中关村南大街5号
邮　　编／100081
电　　话／（010）68914775（总编室）
（010）82562903（教材售后服务热线）
（010）68948351（其他图书服务热线）
网　　址／http：//www.bitpress.com.cn
经　　销／全国各地新华书店
印　　刷／保定市中画美凯印刷有限公司
开　　本／710毫米×1000毫米　1/16
印　　张／13
字　　数／156千字
版　　次／2018年4月第1版　2018年4月第1次印刷
定　　价／68.00元

责任编辑／张慧峰
文案编辑／张慧峰
责任校对／周瑞红
责任印制／王美丽

图书出现印装质量问题，请拨打售后服务热线，本社负责调换

序 / PREFACE

两千六百二十三年前，秉承楚子熊绎“筚路蓝缕，以启山林”的创业精神，“不鸣则已，一鸣惊人”的楚庄王熊旅站在洛阳城下问重九鼎，终将楚国从一个“南蛮”小国带为一个继齐、晋、秦之后令诸侯们刮目相看的中原大国，“不服周”也成为几千年来挂在楚人嘴边的口头禅。

一百〇六年前，武昌城头一声枪响，“奋戈饮弹、碎肉喋血”的荆楚子弟推翻几千年帝制，拉开波澜壮阔的近代革命大幕。熊十力先生在《辛亥札记·序》中说：“同盟会所以收实功于武昌，则以鄂中无数志士，不计生死。”楚国是春秋战国时期中国文化发展的巅峰之地，黑格尔曾言，秦始皇统一六国后，中国文化就陷入了循环往复，历史就没有进步。但这种循环被辛亥革命终结了，中国从而进入了一轮新的成长阶段。

三十年前，中国第一家科技企业孵化器在武汉东湖成立，标志着中国创业孵化事业的开端。国内第一家常设技术市场（1984 年）、第一部科技成果“三权”改革文件“黄金十条”（2012 年）、第一个政府引导的创业路演平台“青桐汇”（2013 年），都诞生在武汉光谷这方热土上。

十年前，光谷依托光电子产业的优势在国内声名鹊起，光谷软件园、光谷创意产业基地、光谷金融港、光谷步行街等创业园区拔地而起。一大批胸怀抱负的技术人才洄流光谷，一大批创业公司如雨后春笋诞生。经过多年创业赛场上的摸爬滚打，成就了本书中一家家能够站在行业制高点上的公司。

今天，创新创业精神被提高到了前所未有的重要位置。习近平总书记强调，创新是社会进步的灵魂，创业是推动经济社会发展的重要途径。李克强总理在2014年夏季达沃斯论坛上提出大众创业、万众创新的时代号召，掀开了推进创新创业的新篇章，释放出无穷创新活力和创造潜力。光谷的创业企业和企业家们，正是继承几千年来楚文化的精髓，响应新时代的号召，以“敢为人先，追求卓越”的精神，在国内趟出了一条草根创业的道路。

我们走访了30家创业公司，把他们的创业历程和心得集结成册，让大家可以触摸到他们创业的脉络痕迹，可以分享他们创业的痛苦喜悦，以往鉴今，以启来者。

丁　鹏

2017年12月26日

目录 / CONTENTS

光谷创新研究院：
掘秘光谷之“光”

导语

行业的秘诀不再是秘诀，它们飘荡在空中。

——阿尔弗雷德·马歇尔《经济学原理》

光谷位于武汉东南部的三湖六山之间，是我国光电子信息技术实力最为雄厚的地区。目前，光谷已经形成关东光电子产业园；关南生物医药产业园、汤逊湖大学科技园、光谷软件园、武汉软件新城、佛祖岭产业园、机电产业园、光谷生物城等园区；在北部则积聚了众多科研院所与高校。在世界技术革命浪潮汹涌、国内改革开放大举阔步的背景下，光谷从1984年开始筹建，2001年被批准为国家光电子产业基地，即“武汉·中国光谷”，2009年成功申请成为我国继中关村之后第二个国家自主创新示范区。34年的发展演化，对于一个“产业簇群”而言并不算长，但已让光谷逐步演化成为一个结构更加系统而紧密的技术空间，它像是一个生态系统，能够包容下更多的物种在此栖息繁衍。逐步分化的物种，越是不同就越是依赖，此消彼长，互利共生。

34年的发展演化，对于一个“产业簇群”而言并不算长，但已让光谷逐步演化成为一个结构更加系统而紧密的技术空间，它像是一个生态系统，能够包容下更多的物种在此栖息繁衍。逐步分化的物种，越是不同就越是依赖，此消彼长，互利共生。

在这个变化不断发生的生态系统里，光谷创新发展研究院（以下简称“光谷创新研究院”）扮演了非常特殊的角色——既是主体，也是他者。作为光谷的一员，光谷创新研究院早在2008年就已加入了光谷的整个建设中来，成为光谷智库，为企业把脉，为园区献策；同时，它又将自己跳脱，以他者的眼光记录在光谷发生的一切，像是光谷对外的信息收发器，促进光谷更为健康的动态平衡。

此次的调研行动，在光谷创新研究院的引导之下，我们仿佛是一群满怀好奇的生物学家，想要进入一片茂密的森林里，看看在这里栖息的不同物种是如何成为今天的样子，又将如何形成明天的样貌，在有条不紊的运作背后，蕴藏着什么样的智慧。

光谷创新发展研究院是长城战略咨询公司与光谷管委会于2014年出资注册成立的研究机构，专门为光谷的创新发展提供智库服务。本次访谈光谷创新发展研究院赵荣凯院长。

从0到1，见证光谷成长

光谷创新研究院，是长城战略咨询的分公司。作为国内从业历史最长的民营咨询机构之一，长城战略咨询在1993年便以民非的身份成立，到了1999年转型成为企业。长城战略咨询的发展，是为更多的企业提供更为有效的咨询服务的过程，从第一家为新希望集团服务开始逐渐强大，延伸出其他各类形态的知识服务产品。正如其名，长城战略以战略规划见长，战略是长远的，因此与企业的关系也是一种长期的深入合作。当年接的第三单业务——宁波菲斯，从意大利引进射电望远镜到后来将射电望远镜技术完全中国化，成为我国该领域的领先者，用了十年时间，而长城战略咨询，陪它一起走过了这十年，并且，还会继续一起走下去。这就是长城战略咨询在有效服务后体现出来的专注和稳定，而作为其下的分公司，光谷创新研究院亦是如此。

光谷创新研究院的从 0 到 1，是伴随光谷从东湖高新区到国家自主创新示范区的转变过程而形成的。2009 年国务院特批的国家自主创新示范区一共有两家：一家是中关村，另一家就是武汉光谷。从东湖高新区到全国第二个创新示范区，这是光谷成长路上的历史性转折。当时，光谷创新研究院还尚未成立，赵院长作为长城战略咨询的代表，只身来到武汉，在 2008 年时便开始与东湖高新区合作，因此在 2009 年东湖高新区开始申请创新示范区时，赵院长便参与其中，申请成功后牵头与武大、台湾 HOPE 研究所，以及赛迪等机构，完成了两项重要的产业规划。武汉作为中国腹地，而光谷作为武汉经济晴雨表，这次申请成功，不仅对于武汉当地企业而言意义重大，对全国经济而言，也是举足轻重。到了当年 12 月份，申请示范区成功，旋即，在 2010 年，光谷占地面积就从 214 平方千米扩大到 518 平方千米，并且东湖高新区也从副厅级单位上升为正厅级。趁此机遇，在 2011 年 6 月，光谷创新研究院成立，到了 2014 年，长城战略咨询与光谷管委会一起以公司形式正式注册光谷创新发展研究院。

光谷创新研究院立足光谷，秉承长城战略一以贯之的专注与稳定。在 2003 年时，东湖高新区花费 700 万元请麦肯锡做咨询策划，但是后来发现外资咨询机构在为国内部门和企业服务时，还是会出现一些水土不服的现象。于是在2007年，开始与赵院长的团队合作，到后来，也就是与光谷创新研究院合作。十年合作，光谷创新研究院与光谷高新区不仅合作紧，感情也很深，在企业咨询、政策出台、产业规划等领域外，光谷创新研究院也以一种公益组织的情怀致力于打造整个产业园创新创业的生态环境。

从1到n，建设光谷未来

商业竞争的本质，是认知体系的较量。早在2015年，长城战略咨询便首先在国内提出了商业概念验证服务，帮助企业提升认知水平，重新思考自身商业模式。商业概念验证服务分为三个环节:“打磨－风暴－链接”，在“打磨”环节，咨询师提供“中观”产业研究和“微观”企业研究，为创业者打开“上帝视角”，跳出自身，俯察模式概念；“风暴”是头脑风暴会，最大的不同在于长城战略咨询会为企业汇聚企业家、咨询师、研究学者、投资人及产业管理者五种资深创业导师；“链接”特指高端链接，在前期的充分打磨和准备之后，为企业链接以投资人为主的各类社会高端资源。“创业辅导＋头脑风暴＋人脉链接”服务模式辅之“天使智投”的服务机制，长城战略咨询形成长链服务，促进创业从想法到公司、从死亡谷到瞪羚、从瞪羚到独角兽与资本市场。

光谷创新研究院2014年正式以公司形式注册成立后，很快便以“打磨－风暴－链接”这三个核心环节形成完整的服务体系，短短三年承接并完成了光谷许多重大课题。其中“瞪羚企业”的评选，是光谷创新研究院每年都在坚持的项目。瞪羚是一种羚羊，个子较小，善于跳跃和奔跑，这和正在成长的中小企业非常相似，这批企业虽然体量不大，但成长极快，代表了一个地区的创新活力和发展速度。但瞪羚企业却往往会因为融资难的问题而发展受限，同时，在瞪羚企业极速扩张时，战略上的调整和管理上的变化，对企业而言是一次更高更难的挑战。而武汉地处中部，相较于沿海地区融资本身更难，在视野上也是相对受限。另外，政府通常更加关注的是大企业或者小微企业，而对于中型的瞪羚企业却往往关注不足。因此，光谷创新研究院就成为企业从瞪羚发展为独角兽的重要桥梁。从原来只做瞪羚企业评选，到后来对瞪羚企业进行走访调研并提供服务，到现在积极引入沿海基金、举办各类企业交流活动，解决瞪羚企业融资难视野窄的问题，光谷创新研究院在不断地调整自己的身份和定位，不仅是观察者、研究者，更是助推光谷创造辉煌的建设者。

在对“瞪羚企业”的评选和服务外，光谷创新研究院在光谷整个产业园的规划建设中，也起到了至关重要的作用。在创新创业和产业咨询方面，光谷创新研究院用一个月的时间完成了国家双创建设基地的示范方案，上报发改委后，为光谷争取了 7000 万的支持资金；另一份现代服务业方案上报国务院后，为光谷获批了连续 4 年 3 亿左右的资金支持。在政策出台方面，参与了 2012 年“黄金十条”、2014 年“创业十条”“国际化十条”，以及 2017 年 6 月份的“新黄金十条”的政策制定。在产业园的规划上，定期出台专项产业研究与五年规划，也参与政策制定后的实施与效果评估。在国际化方面，光谷创新研究院还接手了 G20 国家创新创业实践和科技研究项目。

水乳交融，互利共生，光谷创新研究院见证光谷成为创新示范区的蜕变，光谷也见证了光谷创新研究院从无到有的成长，形成与创造彼此共同的未来。要想成为一流的高新区，就要有一流的智库；要想成为世界级的高新区，就要有世界影响力的智库。随着光谷的高速成长，光谷创新研究院也在不断地重新定位自己。在基础的咨询服务上，光谷创新研究院的宏观定位新增了新经济咨询方向，也就是“民间智库”。作为智库，光谷创新研究院将引入更加多元且具有社会价值的服务，为光谷的成长建设发出更加独立的声音和判断，致力于成为光谷创新创业生态的建设者。

光谷创新发展研究院 2015 年 11 月于庐山集体照，后排左三为赵荣凯院长。

从始至终，投身光谷事业

光谷创新研究院的成长，是赵院长的心血和心愿。从 2004 年一个人来到武汉开辟长城战略咨询武汉分部，到现在光谷创新研究院成为光谷发展的中坚力量，14 年的坚持和付出，赵院长的事业在此，心愿亦在此。

赵院长是河南人，离武汉很近，对武汉对光谷，赵院长有很深的感情。作为中国的中部中心城市和交通枢纽，武汉是一个极具潜力且快速发展的城市。武汉的性格像极了那碗快速出炉，热辣而滋味丰厚的热干面，武汉人可以拎着一碗热干面在路上急匆匆地吃完就投入到忙碌的工作中。在急匆匆的步伐里，是一种天然就适合创业的文化氛围，在武汉的创业者，相较于国内其他地方，也来得更加务实和落地。地理位置的不南不北，也使得武汉成为文化的汇聚地，大气而多彩。而作为个人，其成长离不开平台的成长，也离不开城市的发展，所以当赵院长来到武汉后，便选择了留下，要在这里倾注自己的人生。

对于人的一生而言，能有多少个 14 年可以肆意的奔忙奋斗？能有多少个 14 年来守望一方热土的成长？人生很短，而岁月悠长。越是伟大的事业，就越是能够在岁月里拉长自己的身影。当问及赵院长的心愿时，赵院长说：“希望以后在光谷志里，能留下我的名字。”

越是伟大的事业，就越是能够在岁月里拉长自己的身影。

结语

如何形成第二个“硅谷”，一直是这几十年来被持续讨论的主题。硅谷的历史可以追溯到“二战”之前，它是无线电和军事基地的基础。到现在，硅谷经历了近一个世纪的发展沉淀，漫长的时间让“硅谷为何如此成功”这一问题越发像是一个难解的谜。马歇尔在关于“地区化”的分析里说道：“行业的秘诀不再是秘诀，它们飘荡在空中”，开启了从知识流和知识能动性的角度对“产业簇群”如何运作发展进行探讨。在《硅谷优势》一书中，作者约翰•布朗强调了知识的实践性，“没有共同的实践活动，就没有知识的传播”，“企业的实力并不在于它们能使知识无成本地流动，或使交易成本得以摊销，而在于它们愿意付出高昂的初始成本来使知识在缺乏共同实践活动的部门之间流动”，而“一个产业簇群中的紧密和差异性带来的结果就是：

没有共同的实践活动，就没有知识的传播。

地区化可以有效地利用人力和创意”。由此，不同的实践团体在一起共享知识的正式和非正式的方式，就像是一个矩阵一样，关于行业的“秘诀”在矩阵的线条上传播，“秘诀”不断流出流入，企业也随之产生或者消亡，在线条的两端，学习、创新、共同实践和偶记新知识在双向对等地发生，由于地理的近距离，这样的发生更加高效、全面、深入，距离对于传播的对等关系和信任的快速建立“并非无关紧要”。而对于整个“簇群”而言，这样的矩阵交织构成一个生态系统，“生态系统的实力，亦即‘行业的秘诀已经飘荡在空中’，是通过共同的实践、面对面的接触、对等关系和快速信任来建立的，这些都产生自实践网络和实践团体内部”。

而光谷的发展，其本质也是这样一个“知识生态系统”的构建，在这股生态系统里，光谷创新研究院就是“秘诀”的采撷者和传播者，主动赋予知识的力量；同时也是“实践网络”的搭建者，在内部打通更多的“矩阵线条”，构建生态系统的基础，让更多“实践团体”形成知识的自发流动。但与此同时，每一个“知识生态系统”都是在长时间的积累之下形成的，需要“付出大量的时间、努力和经验”，是“日积月累的参与性实践”，才将参与者带到这样的高度。因此，不同的生态系统才会变得如此不同，无法照搬模仿。“硅谷”拥有自己的辉煌，“光谷”也将书写自己的历史。而光谷创新研究院作为生态系统中的一员，在生态系统不确定的变化中，如何不断地重新定位自己，如何去理解这个生态系统所形成的独有“秘诀”以及这些“秘诀”会如何在空中飘荡，将是光谷创新研究院始终需要思考的核心，也是光谷创新研究院的核心价值所在。

迈异科技：
卓尔不群，精勤迈异

导语

不要追随前人的足迹，去自己开路并留下足迹。

——乔治·萧伯纳

在互联网蓬勃发展的时代中，投身互联网行业的人数不胜数，然而能对这一行业秉持着自己独特的看法、并且在行业中占有难以被取代的一席之地者，却是凤毛麟角。在2017年携手阿里的迈异科技，便是这少数中的少数。这家旨在“让天下没有难做的云服务”的互联网企业，蕴藏着非比寻常的能量。

技术优先，能力至上

武汉迈异信息科技有限公司创始之初，创始人兼CEO的潘成林对这家初创公司的定位即是对技术的追求，以及对能力的挖掘。与当下大多数企业不同，迈异最初并没有成立市场营销部门，而是全身心地投入到对技术与能力的开发中。举一个例子来说，人们在使用手机的时候，真正有价值的并不是手机本身，而是手机所承载的通信即信息传递的能力。迈异，追求的便是这种能力，而后，是将这种能力的产品化。互联网，这一信息传输能力最完美的提供者，又恰逢其时地出现在这个时代。于是，一群致力于新技术的年轻人便组建起了团队，不断地研究新的技术，转化为能力，再化作产品。

依靠技术支撑的迈异，并没有在象牙塔里仅为了研究而研究。他们的团队遵循着“由目标倒推道路”的方式，凭借积累的市场经验以及自身敏锐的直觉，寻找到正处于空白的市场，并由此出发，推及占领这一市场所需的技术支持。在做好了如是的前期准备后，对技术的攻坚就会展开。再之后，在市场上占有一席之地，便是水到渠成。

田忌赛马，标新立异

在谈及对互联网行业的认识时，潘总为我们讲述了创业者眼中的互联网。总的来说，互联网行业因其独特性，显现出高度的融合与开放性，类似于自然生态系统中的食物链，处在价值链一个环节两端的单位是利益共生的关系，多个共生关系形成了商业生态系统的生态圈。因而，如今的互联网行业是一个难以形成垄断的、良性的生态圈，这给初创的互联网企业提供了一个良好的生存与发展环境，也为互联网这一行业快速且稳定的发展创造了条件。

迈异的团队基于这种认识，在其中迅速找到了自身的位置。

互联网行业的开放，为初创公司带来了诸多的机遇，但更多的参与者和更激烈残酷的竞争也伴随而来。如何从诸多的企业中脱颖而出并占据无可替代的地位，是每一位公司创始人及其团队思考的重要问题。而生存下来之后，初创公司还需要考虑自己与这一行业引领者之间的关系。

迈异自创始至今，一直秉承差异化的横向竞争原则，通过技术衍生服务，不断地贴近客户，在市场中寻找和挖掘客户的需求。这种需求不单是客户的现实需求，还包含着客户的潜在需求，想客户之所想，并且想在客户之前，这样，便可创造出让客户喜爱并且又切实需要的产品与服务。一旦找准方向，便快速投入研发、投入市场。如此“小而精”的战略，让迈异在横向竞争中显得卓越、与众不同。

在与互联网行业里举足轻重的企业的博弈中，迈异的团队明智地采用田忌赛马的方式，避其锋芒之处，转而从其相对较薄弱的领域入手，做到人无我有、人有我优，让自身的产品因独特性而区别于其他产品，从而处于一种绝

对的优势之中，引来了“大而全”的互联网大型企业与其合作，达到与行业领军企业平起平坐的态势，稳固了自身在这一行业中的地位。

2017 年，迈异 - 阿里云达成了深度战略合作。在此之前，阿里云作为公有云产品，为许多企业提供了面向公众服务的云计算能力，并取得了有目共睹的成就。但对于许多企业而言，出于对安全性、可维护性、数据私密性以及网络传输速度等一系列更高要求的考虑，使得他们无法将企业平台完全迁移至阿里云平台；同时，一些现实的网络传输问题，也制约了企业在公有云上的顺利实施。这时，迈异作为华中区创新的行业云服务提供商，借助其在资源、技术、服务上的独特优势，吸引了阿里云与其形成深度合作，联手打造全方位的云服务，共建混合云生态系统，为行业客户提供深度服务。此次联手对于双方而言都具有里程碑式的意义，同时也对迈异战略的延续和发展有着重要的意义。

别有慧心，独树一帜

迈异从创始之初至今，由一个几人规模的小团队逐渐扩展到数十上百人的团体。对于迈异的快速发展与壮大，创始人及 CEO 潘总谈及了关于公司文化以及企业思维方面的内容。

初创的公司虽然规模小、力量弱，但只要能够找准突破口，专攻其一点，便也能创造出足以让公司立足且持续发展的机会，这其中重要的一点便是提供精准服务。

首先，要有敏锐的市场洞察力，在行业中找到属于自己的空间。尤其对初创公司来说，发展方向基本上决定着发展前途。初创的公司虽然规模小、力量弱，但只要能够找准突破口，专攻其一点，便也能创造出足以让公司立足且持续发展的机会，这其中重要的一点便是提供精准服务。公司的产品要贴近市场与客户的需求，首先要确定客户范围，再针对此类客户的需求提供精准的服务，以技术为基础，衍生出独特的服务满足客户需求。在迈异的发展过程中，便是以迁移服务作为切入点来开展企业专业级云服务。

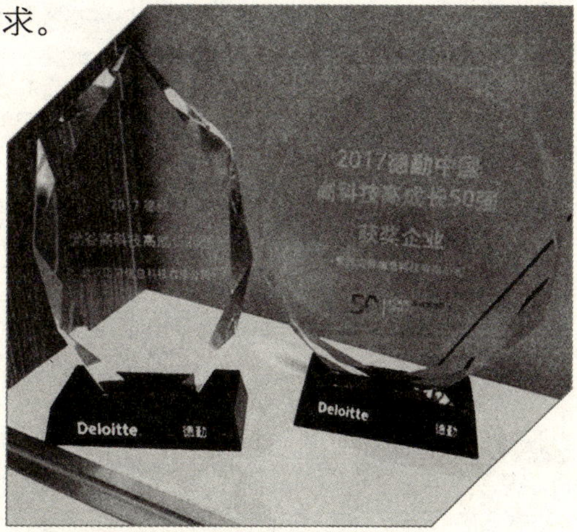

其次，需要组建一个有能力而且有活力的团队。想要一个体系不断地创新、不断地发展，首先是要确保团队内部的激情与活力，而内部的活力源自于每一个个体的积极和热情。潘总在介绍其现有团队时强调，组队的思路清晰，目标明确，即所有人都有共同的理念，“我们很依赖我们的团队，一个企业会有其领头人和指导思想，但在这个公司里，我是反对个人英雄主义的，领导的个人英雄主义会导致整个团队的思维和活力单极化，而由每个人的力量所聚合起的团队才是我们所需要的”；“能力与人格要同时具备，我们的团队中的每一个人都有一技之长，比如写作、弹琴，等等，每个人都有自己的独特之处，每个人都能找到自己的位置”。

迈异团队能够持久保持活力，还因为其具备一个重要的特点，即团队的自我修复能力。“团队不可能一直保持良好的势头，所以要在内部形成有效的机制，当团队出现问题的时候能够快速地发现问题并及时更正。我们公司的团队就具备一种自我修复的能力，即‘做减法’，设立目标管理与时间管理时，对团队成员既会有激励措施，也会有淘汰机制”。

结语

迈异 CEO 潘成林先生，将其创业的过程归纳成四

迈异 CEO 潘成林先生

个动词。追求、调整、热爱和坚持。虽然不能完整地概括创业的全过程，但它们描绘了迈异团队所经历的创业历程。

从对互联网技术的热爱，到不断追求极致的品质，依据市场与客户的变化不断调整、自我修复，并且相信团队、相信未来，永不放弃直到收获成功。从迈异创立四年以来留下的足迹中，我们可以清楚地看到这些品质的彰显，以及它们所发挥出的巨大作用。

和谐的工作氛围里，与我们交谈的，无论是 CEO，还是团队里的普通成员，都充满工作的激情，对于各自的工作都有着自己独特的想法，并且付诸实践。在这样一个热忱的团队中，追求极致便不再是领导层空洞的口号，而是团队中每一个体实实在在的工作目标与生活追求，团队向心力与凝聚力也由此形成并牢固确立。激情的团队另外有一个特点，就是潘总一直强调的较强的自我修复能力，迈异的道路并非一帆风顺，而其发展壮大，很多时候依赖于此。这种能力依赖于活力，依赖于激情，归结到底，这不是一个只属于创始人或是领导者的公司，而是属于每一位年轻成员的公司。

经常读书，是因为我在读书之后有获得新知的成就感，而不单纯是为了工作。相反，如果是为了工作而读书的话，效率和广度都会受约束。

传承着追求卓越、激情迸发的基因，但这些基因并非轻易得来。在谈到个人的学习与积累时，潘成林先生说到了自己读书与学习的经历。“学习，应当注重于应用，而非单纯的学术，学习中的思维逻辑比表面的东西要更加重要”；“对于我来说，经常读书，是因为我在读书之后有获得新知的成就感，而不单纯是为了工作。相反，如果是为了工作而读书的话，效率和广度都会受约束”。

企业里的每位成员也都保持着类似的心态，在生活中不断提高自己的水平，在工作时始终保持着年轻的活力。在企业内部，员工的办公场所并非是传统的单一工作室，还安排有娱乐活动空间、餐饮空间和对话空间，一切都顺应着年轻的思维。“年轻人总是最有锐气，不拘传统，突破常规，不断创造新的事物、新的价值”。

年轻人总是最有锐气，不拘传统，突破常规，不断创造新的事物、新的价值。

银联商务：
至诚尽兴，致远方得

导语

唯天下至诚，为能尽其性。能尽其性，则能尽人之性；能尽人之性，则能尽物之性；能尽物之性，则可以赞天地之化育；可以赞天地之化育，则可以与天地参矣。

——《新唐书》

2004年5月，银联商务湖北分公司在武汉挂牌成立。本次访谈对象，银联商务武汉运行中心副总经理徐竹，当年曾是参与武汉银联商务大楼筹建的元老，而后进入民营企业，如今又几经辗转回到熟悉的金融和IT领域，回到银联。他幽默诙谐，滔滔不绝，使得短短一个小时的访谈过程妙趣横生，也给出了干货十足的面向互联网金融时代的银联战略透析。

“弱弱”联合，去小型机颠覆传统“大脑”思维

众所周知，银联商务有限公司是中国银联控股的一家从事银行卡收单及专业化服务的全国性集团公司，是银行卡受理市场和新型支付渠道的创建者。但是如今众多第三

方支付平台抢占交易市场，银联免不了同这些公司的合作。蛋糕被分的日子，要如何才能过得“红火”？

徐总笑称，银联跟百度和腾讯在做金融云和支付的合作，线上几乎没有市场，而线下如果再不打开市场，也只会受到更大的冲击。在 BAT 中，百度在支付上最为弱势，所以他一回来便提出了“弱弱联合”，达成战略合作。只要合作双方有互补性，“弱弱”合作的迫切性更高，更容易达成紧密合作，也更容易形成强大合力。百度和中信银行合作形成的百信银行刚刚挂牌上市，也是唯一一个使用云平台来提供整个核心银行（Core Banking）系统管理的。由于银监会没有先例，但又要对所有开设银行机构核心系统的可靠性、安全性进行审核，因而需要他回来作为评估团队的中坚力量。审核通过，相当于向市场释放了一个信号：通过云技术解决核心银行系统标准化的问题将会是银行转型的趋势。一方面，现阶段金融和非金融机构都只是将云平台运用到了信贷、风控等边缘系统，核心的银行在线交易系统中的应用少之又少。另一方面，在去 IOE（IBM 的小型机、Oracle 数据库、EMC 存储设备）的号召下，银联作为枢纽，期待能通过与百信银行的合作达到去小型机的目标。

只要合作双方有互补性，“弱弱”合作的迫切性更高，更容易达成紧密合作，也更容易形成强大合力。

然而脱离小型机的同时保证实时交易性，谈何容易。他用淘宝做了一个生动的比喻：一个淘宝卖家库存总共有一千双鞋子，即便是双十一有两千个人同时下订单，依然可以通过从其他库房调货来满足需求。但是如果同样的情形发生在银行系统上，账号只有一千块，有人却要取走两千，银行又不可超卖，否则会因为挤兑导致崩盘。因此，银行的交易系统必须一一匹配，需要在线的实时对称性，具有数据的完整性和匹配的一致性。真正的支付和金融系统根本无法做到“双活”，也正因为物理界限的存在必然导致时间差。“当然，永远没有任何系统是没有漏洞的”，他说，“我们总要鼓励创新的存在。”于是，同百信银行的合作，目的就是在当前计算速度增加、网络延时越来越小的情况下，做到各个分布式系统数据的匹配统一。而如果把这个时间差控制在极小范围内，达到用户无感知的状态，并请行为学或社会学专家来评估其是不是符合人性需求，也就能在一定程度上实现“双活”。

那么匹配靠什么实现呢？最核心的“大脑”中枢设备只有最基本的身份代码，与各类前端的子系统交互都通过小型机。但如果去掉中间件直接同“大脑”交互，则“大脑”无法承受。中间件基于传统银行的交易数据而存在，要把装备去掉，就需要去颠覆整个传统的思维模式。

此外，传统核心的系统往往都会在一个物理机房堆叠相当数量的服务器，当从几百笔交易增加到亿级用户时，设备就将全部换新，从原来的 AS400 扩展到 AS6000，而所有淘汰的机器全部作废。而对于银行的考核中，要求全年停机时间不得超过几分钟。但是停机扩展一定要会使得整个系统停滞长达数分钟甚至一小时，而且直接增加服务器并不一定能支撑如此大的交易量。但此次百信银行，一个很振奋的信号是，分布式拓展资源可以极大地提高资源配置效率，节省了以旧换新的停滞过程，只需要服务器的增减来调整匹配信息的存储。

银联多线机房

独树一帜，联手百信扎实双向业务合作

近些年出现了很多互联网银行，尽管提出的概念很新颖，但公众总认为他们发展不起来。为什么呢？首先，互

联网银行原本没有营业网点，看似节约了成本，但是不能发放实体银行卡。而老百姓拿到虚拟账户，总觉得心里很不踏实。当然，并不是央行不允许银行卡的发放，只是政策要求实体银行卡必须本人到现场校验拍照，确认身份证同本人匹配。因此，一类账户的建立成为互联网银行不可逾越的鸿沟。其次，互联网银行到目前为止，它的核心价值仅仅就是增加了一个融资的渠道。但实际上支付宝、小额信贷消费、银行的分期信用卡已经非常普遍。

一边是互联网金融尽管发展势头很猛，但是没有传统的一类牌照，而另一边是传统金融当前的发展空间受到挤压。而百信银行的突破性意义，在于它不是一个传统的互联网银行，而是拥有实体银行的功能，具有唯一性。百信银行和其他互联网银行最大的区别就在于具有互联网银行的优越性，兼具传统实体银行的背景。

银联由于受到许多第三方支付平台的冲击，当前急需谋求转型。一方面是传统支付业务上，更多将线上线下进行结合；另一方面是推动与百度在科技金融上的合作。银联的技术能力主要体现在传统封闭式环境中，而百度的能力体现在技术架构和分布式互联网平台上。此次合作的启示意义在于，有望推动更多的传统银行走科技金融的路线。

那么之前行业间有过此类合作吗？效果又是如何？“我们会看到传统行业和互联网行业，他们的对话机制，往往要么就是竞争对手，要么就是高层之间虚谈战略，然后不了了之。如何使业务落地，才是真正能影响行业间合作的至关重要的因素”，徐总多次恳切地说，对话的机制真的很重要。高层之间要求数据共享，但是下属各层级由于不同的理念和要求，发现这些数据，你不能给我，我不能给你。于是他做的就是直接把某公司的人工智能引擎搬进了银联的机房，同时也把自己的数据放进去，“这样你也不能出去，我也不能出去，我们就在这里做智能引擎的分析，只有这样才是有实际价值的。”

一路走来，不乏大型互联网金融企业高管职位虚位以待。尽管个人有极大的创业热情，但是徐总清晰地认识到，最需要自己的地方，是做内外实质性的沟通交流，是国企和民企的优势互补。于是结合百信银行的案例，我们需要把互联网的优势和国企的优势结合起来，做得更好更快。而他，一方面在熟悉的环境放大自身的价值，另一方面在当前的情境下放手去推进合作。他回到银联，就是要做这样一个推手。

而后，他总结了从国企走出来的创业者，某种程度上只有两种选择：一种就是到另一个体制做高管，不能算作真正意义上的创业，因为还是去做管理；第二种就是什么都不要，完全自己创造，而其中只有一种是比较成功的，就是做投资，将人脉变现。而当时刚刚离开银联的他，非要独树一帜，把自己最熟悉的金融领域人脉隔绝。而后才意识到，自己从骨子里就不是一个生意人——即便自己工资发不出来也要把别人的钱还上，甚至有时候做甲方，还要专门很客气地请乙方吃饭，并多次对他们的辛苦表示感谢。最重要的是，他总是期待自己先拥有核心技术，但是现实面前多数时候都是在进行简单的产品买卖。

于是，他给出的建议是，从国企出去创业，最重要的不是观念的转变，而是从零开始的企业到底是需要先有买卖关系，还是核心科技。即便是依靠人脉，通过优质的商业模式寻求投资，也需要非常清晰的理念和愿景，时间步骤也要考虑得很完善。

结语

徐总就是这样一个至诚恳切的人，因而才能回到银联，尽力发挥他天赋的本质，从而尽知他人的本性，乃至行业的发展状态与前景，斯可以“与天地参矣”。

创业的本质，是如何通过机缘和合，通过注入自己的努力，为他人创造一种价值。而做这件事情的时候，需要感受到自己越来越得心应手，并且不断地呈现出一个新的吸引你的世界，不断地进到行业的最深处，往纵深化的方向发展。“我绝对不会做与我毫不相关的行业，不感兴趣，也没有精力。”在他身上，我们可以看到行业的纵深感，被一点点沉淀为一种难能可贵的品质。

创业的本质，是如何通过机缘和合，通过注入自己的努力，为他人创造一种价值。

事实上，银联商务湖北分公司本身带着很强烈的技术实力光环，多功能、多渠道接入，集清算数据库服务器、WEB 服务器、MIS 系统于一体的标准计算机机房，但是这些都没有让他减少奔波，尤其是为能使银联引领时代变革所做出的努力。正如他所说，有太多值得改变和拯救的东西了，舍我其谁？

有太多值得改变和拯救的东西了，舍我其谁？

哈福科技：
一间健康小屋，一个朝阳行业

导语

专注和简单一直是我的秘诀之一。简单可能比复杂更难做到：你必须努力厘清思路，从而使其变得简单。但最终这是值得的，因为一旦你做到了，便可以创造奇迹。

——乔布斯

当创业不仅是在创立新企业，更是在培育一个新行业时，需要什么样的条件和布局？当一家企业不仅在为经济利益奋斗，更是在努力输出社会价值时，需要什么样的眼光和战略？健康管理行业是一个什么样的行业，现在发展如何？为什么说一间健康小屋，将成为撬动健康管理行业发展的支点？哈福科技作为健康管理行业的领头羊，在抛出这些问题的同时，也用 15 年的实际行动，给了我们答案。

做中国的“加菲尔德”，为停药奋战

邱小益博士，是哈福科技集团公司的董事长，这家公司是他在 2003 年回国后一手创办的。在当时，国内健康管理行业还处于刚刚萌芽的初创时期，各家都在艰难地摸

武汉哈福科技集团公司位于武汉东湖高新技术开发区武汉光谷生物城内，是海外留学归国“3551”人才，中国卫计委高级管理专家邱小益博士在政府的支持下于2003年创建的留学生高新技术企业。公司致力于健康管理产业最新科技成果的研究、开发和产业化工作，同时对具有良好前景的高科技项目进行投资。本文受访者为公司创始人董事长邱小益博士（左）和总裁佘振亚（右）。

索，而对于健康管理这样一个新行业而言，想要获得长期的发展，关键要有一套关于人体健康管理的解决方案，这个方案不仅需要具备深厚的医学理论基础，还要能够很好地落地实操。而这个核心问题，正是邱博士的破门砖。

邱博士医学出身，1989年从同济医科大学毕业后，在北京天坛医院和北京神经外科研究所工作数年，在临床和研究两方面都取得了优异的成绩，先后参与了国家“七五”“八五”攻关计划，并获得了北京市卫生局两项科技成果奖，成为神经系统疾病领域专家。但是当医生越久，他反而越苦恼越迷茫，病人总是越治越多，在短暂的一生中，自己最终能够医好的病人其实非常有限，有没有别的办法，可以更加根本地解决民众健康问题？深刻的迷茫让人思考，也让人更加坚决。最后，邱博士决定出国，看看外面的世界是否有自己在寻找的答案。

邱博士自己有高血压问题，在澳大利亚和美国学习期间，在当地家庭医生指导下进行日常生活的调理，结果没有吃一片药物，彻底解决了血压高的问题，身为医生，邱博士隐约感觉到这“不治之症”中包含的价值，也许这正是自己一直在追寻的答案。后来，在哈佛大学医学院学习期间，邱博士进一步了解到这背后是一整套健康管理系统，最早是西德尼·加菲尔德医生提出并践行，现在在美国已经是一个很成熟的产业，为920万个会员服务。医生不仅是救死扶伤，而且能够从最早的源头控制危险因素从而预防疾病，为更多人提供真正的健康管理。邱博士认定这才是自己追寻的价值，尤其在当下，国内对健康管理的观念还处于萌芽阶段，正是大有作为之处。因此，他深入研究了加菲尔德医生的健康管理理念、哈佛大学医学院乔斯林医院提出的治疗糖尿病的“五驾马车”等健康管理技术，以及凯撒的健康管理商业模式后，回国开始创办自己的健康管理企业，立志成为中国的“加菲尔德”。

上医治未病之病，中医治将病之病，下医治已病之病。

“上医治未病之病，中医治将病之病，下医治已病之病。”健康管理正是对“治未病之病”的实践，它需要对人体的生物特质和心理特质有一个整体的认识和把握。而且作为商业，想要成功也必须以实实在在的结果说话，成功的解决方案就是企业的护城河。而邱博士自己，正是这个护城河的关键。结合自己多年的医学研究，邱博士认为，对疾病和健康的认识可以分为四个层次：第一层次感觉型，是以感觉器官为靶点，好坏评价看个人感觉，以养生类为代表；第二层次调理型，以人体系统为靶点，以中医为代表，相对于感觉型，多了监测标准，比如把脉；第三层次治疗型，以具体器官为靶点，有监测与评判标准，以西医为代表；第四层次修复型，以细胞为靶点，当下的基因检测、干细胞检测等都属于此类，这将是未来生物医疗的发展趋势，也是健康管理的靶点所在。据此，邱博士首次提出了“细胞平衡修复法”，成为哈福科技健康管理解决方案的基础。

成功的解决方案就是企业的护城河。

那么从细胞出发的健康理念要如何变得可操作、可管理？这就有了“8S”健康管理操作流程——

健康监测、膳食管理、运动管理、睡眠管理、心态管理、家居环境、健康教育和细胞修复。“8S”操作流程的最早源起是哈佛大学医学院乔斯林医院提出的治疗糖尿病的“五驾马车”的方案，认为糖尿病不仅可以治好，还不需要依赖药物治疗。邱博士结合当下中国面临的普遍三高问题，把“五驾马车”进一步发展，提出“8S”方案，首次提出三高问题也可以脱离药物而得到修复。

基于“细胞平衡修复法”与“8S”流程的提出，邱博士的梦想可以被贴切地描述为“为停药而奋斗”，哈福科技集团旨在培养更多的“邱博士”，沿着治疗三高的药物足迹，药物走到哪里，哈福的“邱博士”们就“修复”到哪里。而所谓更多的“邱博士”，本质上就是企业如何实现自己的规模化，而实现规模化的根本在于落实标准化，这需要一套成熟的商业模式来实现。

为停药而奋斗。

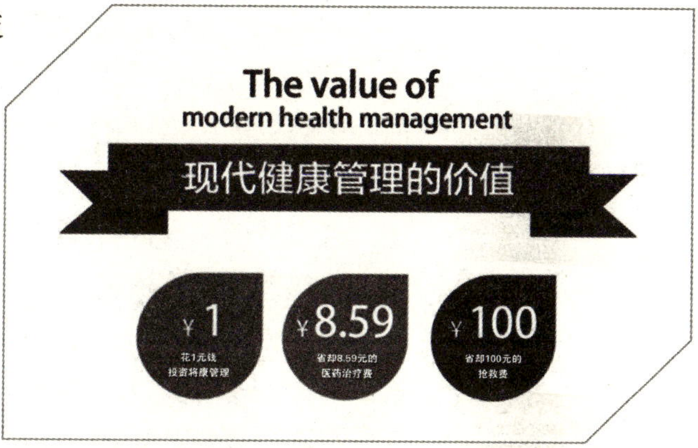

创设第三代健康小屋，为管理奠基

所谓健康管理，关键就在于“管理”二字。健康是一个需要长期维护的良好状态，这就决定了健康管理行业与客户的关系不是一般的一次性买卖，付费只是服务的开始，关键在于后期的维护和跟踪，其实就是帮助客户养成健康的习惯。而维护就需要可量化的指标，跟踪是与客户的一种互动，就需要可简单操作的工具和流程。目前，国际上最成熟的做法是“四模块循环服务”，即监测、评估、干预和跟踪，四模块要发挥作用，就必须循环起来，落实到商业实践上，就是第三代健康小屋的推出。

健康小屋其实我们并不陌生。最早的第一代健康小屋的形式是政府购置血压计等仪器，在社区等地方为居民免费测量；第二代健康小屋是政府搭建自助型健康小屋，居民可随时到健康小屋自行检测，及早发现健康指标是否异常。然而，成也萧何，败也萧何，自助型健康小屋固然能监测居民的健康数据，但其致命弱点也在于数据。一是居民自行操作，检测数据不准确；二是数据随测随被弃，没有得到有效的收集整理和管理。健康数据的监测对时间和方法要求是比较严苛的，而且要形成对健康情况的判断，需要多数据的综合评估，而且数据获取最终目的是通过数据对健康进行管理，没有后续的干预跟踪，数据就只是数据，没有价值。因此，第三代健康小屋的推出，正是服务于健康管理的循环流程。

第三代健康小屋是健康管理落地的关键环节，是健康管理行业能够扩大规模的核心所在。每一个健康小屋都是一个三高监测站，配备一套专业的“三高核心健康数据监测与管理系统”，与云医生平台对接，由专业的健康管理医生进行健康监测、评估和管理。“三高核心健康数据监测与管理系统”是哈福科技集团的自主知识产权，对人体十个核心数据进行监测：血压、血糖、总胆固醇、甘油三酯、脂肪率、体重指数、血氧饱和度、体温、尿 pH 值、尿比重。监测数据通过蓝牙技术直接上传，不能更改，确保数据真实性；健康管理医生帮助客户完成数据监测，并进行分类管理，给出评估报告，并且还能进行一对一的指导。在健康小屋监测的所有数据，都将上传到哈福云，在手机 APP 端呈现，手机 APP 依据“8S”进行设计，根据个人健康数据给出个性化健康管理方案，并成为对个人健康实时记录、跟踪和提醒的工具，个人健康管理医生依此进行适时的回访。

第三代健康小屋，基于云平台的动态监测与管理，实现了健康管理的标准化。借助健康小屋的检测设备与系统算法对数据的处理和分析，通过系统的培训就能够培养大量合格的健康管理师，使得行业扩张成为可能；健康管理师的一对一服务结合APP的便捷式操作，使得大量的老年客户都能够简单操作，轻松上手，减小了健康习惯养成的阻力，使得市场容量得以顺利扩大。因此，第三代健康小屋作为深入社区走进大众的节点，作为健康管理循环得以启动的起点，作为健康管理行业得以标准化市场化的关键，将成为撬动健康管理行业未来发展的支点。

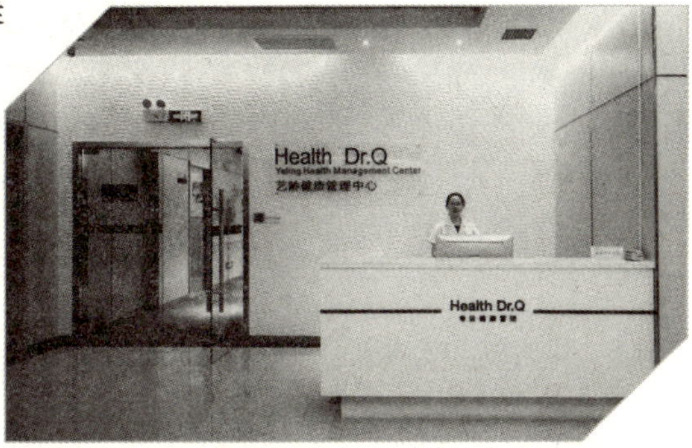

哈福科技第三代健康小屋

目前，第三代健康小屋已经在湖北武汉市、宜昌市，河南郑州市，河北石家庄市，云南昆明市，山西运城市，江苏南京市等地成功建设和推广。随着大众健康观念的升级，健康管理将成为一种常识、一种生活方式，第三代健康小屋将成为每个社区必备的基础设施，每个人的健康，都应该也都将要被管理。

每个人的健康，都应该也都将要被管理。

提倡政府引导支持，为行业助力

健康管理行业，以邱博士的判断来看，现在处于行业发展初期，经过15年的坚持，哈福科技集团现在当之无愧已经成为“三高”健康管理行业的领头羊。在他2003年回国时，行业还尚未形成，众多探险者看到了方向，却没有方法，各自摸索，为行业的形成奠定了市场基础。到了2013年，国务院印发了《关于促进健康服务业发展的若干意见》，第一次明确了健康管理的重要性，健康管理行业从此从开创期走向启动期。2016 年中央政治局审议通过“健康中国 2030”规划纲要，健康产业被提到前所未有的高度，标志着健康管理行业从启动期走向了发展期。其中，2017 到 2020 年将是行业发展初期，会涌现一大批健康管理上市公司，资本涌入，百家争鸣。到了 2030 年，行业由发展期过渡到成熟期。从开创期到现在，成立的公司和倒下的公司不计其数，在这片大蓝海里大家都希望有所作为，然而真正能坚持下来的却屈指可数。这么多年的坚持，让哈福科技集团越来越明白自己的护城河到底是什么，这个行业的发展需要怎样的条件。

健康管理行业事关民生，社会利益大于经济利益，相对于其他行业更需要政府的引导和支持。

对于公司，护城河是邱博士潜心研究后提出的健康管理理念和方法，也是以第三代健康小屋为核心的商业模式，二者缺一不可。而对于新兴行业，护城河想要真正发挥作用，还需要整个行业的成熟。健康管理行业事关民生，社会利益大于经济利益，相对于其他行业更需要政府的引导和支持。

首先，需要让更多政府知道除了自助型健康小屋，还有第三代健康小屋，既然建设健康小屋已经成为政府要做的事情，那么就让这件事情真正落到实处，发挥作用。孤立的数据没有价值，健康必须得到专业有效的管理。

其次，在立法上，推进健康管理立法，让健康管理成为企业和政府一项必须要完成的责任，让健康管理渗透到民众的生活方式中。

第三，国家应该有关于健康管理的预算。健康是最大的民生，现在医药有政府引导性资金，但健康却没有。因此，应该出台明确的政策支持和资金引导，让健康是最大的民生不仅仅只是口号，更是实实在在的民生。

第四，尽快将慢病预防、健康管理纳入医疗和健康保险报销范畴，解决健康管理支付问题。

在国内看病难看病贵，“三高”问题泛滥的背景下，健康管理是当下最可行的解决方式，成本低、见效快、容易深入大众。随着国民经济水平的提高，健康观念的升级，健康管理作为民生根本的属性将愈加凸显。健康管理行业能否健康发展，关键在于企业和政府的通力合作。

随着国民经济水平的提高，健康观念的升级，健康管理作为民生根本的属性将愈加凸显。健康管理行业能否健康发展，关键在于企业和政府的通力合作。

结语

在访谈中，邱博士始终充满热忱，条理清晰地介绍情况，对于任何疑问都给予耐心解答，尤其是谈到健康管理行业对大众的利好时，你又能深切地被他对这个行业的热爱和坚持所感染。从医生到企业家，邱博士从未离开过医疗行业，从未放弃过治病救人的初衷，只是现在这个梦想更大了。

行为的转变源于认知的变化，从治病到治未病，从给予药方到呼吁停药，也是邱博士在探索人体健康这条道路上的心路历程。乔布斯说“专注和简单一直是我的秘诀之一”，这也是邱博士一以贯之的原则，用一生的行动去探索怎样的方式才能更有效、更根本地让人们维持健康。公司拥有自己的核心技术和健康理念，拥有成熟的商业模式，拥有一起共度风雨 15 年的团队，它在等待市场的成熟，也在投身市场的培育。内外阻力交错，未来风云变幻，若不是真正以此为梦。是不可能如此坚定执着的。

厚积薄发，我们期待哈福科技集团创造奇迹。

启蒙听听：
和妈妈网红们一起共建家庭教育平台

导语

细节在于观察，成功在于积累。

——爱默生

2016年5月30日，台湾女星阿雅在一场见面分享会上，曾经声情并茂地讲述一个故事，故事结局悲伤，讲到尾声的时候，台下有一名女性被深深感染和打动，眼眶里蕴起一汪眼泪。在那一刻，她深刻感受到故事的力量，坚定了用故事打动人心的路线，想把有感染力的故事传递、分享给更多的家庭。基于这个小梦想，她创办了专业朗读故事的交流平台，现已不断做大并获得数千万投资，这位传奇女性就是武汉市启蒙听听科技有限公司创始人——卢布。

卢布，一个年轻的新晋妈妈，在养大了自己的孩子的同时，也养大了自己的公司——启蒙听听，因此很多人说她是“左手创业右手带娃”。成家又立业的卢布被所有人认定是一位不折不扣的女创始人、女企业家，她的出现也让无数女性点燃了创业的希望。卢布既要做好母亲又要做好女企业家，家庭身份与社会身份的交织让生活压力激增，但由于时间不能扩展成双倍，因此她拼命向自己加压、激发自己的潜力，终究把自己锻造为生活中的女超人。

在这位超人企业家的眼里，创业不是激情，不是盲从，而是人脉、资源的恰当整合，也是在适当的时候做出正确的选择。

创业的秘诀是发现细节中的商机

启蒙听听刚刚成立两年。时间虽短，但在卢布、王青海、张琳的带领下，已经成长为优质公司，先后获得了腾讯系创业风云奖、阿里巴巴创客大赛武汉赛区冠军、瞪羚企业、3551 人才企业等多项荣誉。这家优质的“小而美”企业怎样发现行业商机与客户需求？又是什么点燃了这三位创始人的创业热情？

启蒙听听是国内最大的主播妈妈知识技能分享平台，由原腾讯、阿里团队成员创办。作为武汉互联网界的一股清流，启蒙听听先后获得腾讯系优秀创业项目、创业之星大赛全国 20 强、阿里巴巴全球创客大赛武汉赛区冠军、阿里云创新项目 20 强等荣誉，并作为优秀互联网创业项目登录 CCTV《创业英雄汇》节目。本文受访者为启蒙听听创始人兼总经理卢布女士。

在谈话一开始，卢布就与我们袒露她创业的动力是内源的。卢布性格活跃，自称是个“能折腾”、不安于现状的人，在访谈过程中，她的开朗、幽默和爽朗的笑声，充分展现了她作为创始人的人格魅力。

在我们看来，卢布的性格特点中还有很重要的一点——坚韧，作为一个工作家庭双丰收的女超人，承担巨大的压力本身就是一种坚韧的体现。回顾她的创业历程，一切都始于两个字：“辞职”。在 A8 音乐、中兴、腾讯等大公司辗转工作 10 年后，她发现外部的环境已经很成熟，很适合创业，并且在她供职的大公司内部，她也遇到了透明天花板，因此辞职算是偶然也是必然的选择。

所谓成立一家新公司，难点不在于“成”，而是在“立”——最难的是做到精准定位用户需求。

成立过程中，不是没有遇到过瓶颈，甚至可以说启蒙听听一开始创业就遇到了瓶颈。所谓成立一家新公司，难点不在于“成”，而是在“立”——最难的是做到精准定位用户需求。在创业伊始，启蒙听听的团队就坚定地立志要弥补国内专业读儿童故事的缺口，用硬件产品切入市场。但硬件产品对于初创公司而言短板明显，产品设计与制造需要时间和经验去反复修改验证，启蒙听听决定更新换代，用互联网思维拥抱母婴亲子市场。

但是推出怎样的产品？什么样的产品会更符合专业睡前故事的定位？机遇主动拥抱了启蒙听听，而卢布团队也主动抓住了机遇。

启蒙听听团队参加阿里巴巴诸神之战创客大赛

在一代实体产品儿童智能故事机推出后，听故事功能受到了用户们的广泛好评，但是启蒙听听团队却发现副线产品——录制讲故事功能比主推产品更具用户黏性。在众多的用户当中，有一名毕业于北大的全职妈妈连续1年坚持每天使用录制故事功能、从不间断，这份录制故事的特例吸引了启蒙听听团队的目光。在与这位“最重要的客户”交谈的过程中，卢布突然发觉录制故事功能对于客户的重要性。所谓对于客户的重要性，最终都会转换为用户黏性，最终培养新时代品牌粉丝。品牌粉丝的确立，是塑造品牌性格的主要渠道。

果然，在主打“线上故事记录与知识分享”以后，不仅解决了初创企业不适合生产实体产品的难题，又迅速扩大了启蒙听听在母婴亲子圈的影响力，截至目前，启蒙听听累计用户已经超过了 600 万，平均每天有四十万人上线。

在创业过程中，卢布的感悟是：创业需要的不仅仅是资本、人才，更重要的是发现轨道，及时转换的能力。的确，在启蒙听听的创业道路上发生了产品定位的转变、企业发展方向的转变。但是不变的是她的雷厉风行，她的灵活转换。

创业需要的不仅仅是资本、人才，更重要的是发现轨道，及时转换的能力。

创业的关键是把客户连成网

在启蒙听听的设计中，创业是专注的，是渗透到一个点然后不断扩散的，这种扩散并非大而全，而是滴墨入水杯，墨迹会扩散，但总是在杯子的范围内。母婴平台就是杯子，就是启蒙听听扩张的疆土。

创业是专注的，是渗透到一个点然后不断扩散的，这种扩散并非大而全，而是滴墨入水杯，墨迹会扩散，但总是在杯子的范围内。

产品线、设计的不断扩张与美化……这些大大小小的改变，稍有不慎就会引起用户的反感甚至是弃用，在瞬息万变的商场，如何牢牢地抓住用户？卢布自然有她的妙招，市面上最常见的做法无非是两种：一是把用户变成品牌的粉丝，以小米为例，“米粉”们的参与感是小米大获成功的关键，但是粉丝化并不适用于线上平台。启蒙听听采用的是第二种途径——主人公化，让所有的客户成为 APP 中的主人公，给予每个人成为大 V、网红的机会。网红妈妈们的诞生，源自于妈妈圈内的交流与传播，妈妈们天生爱分享，这种特性让启蒙听听成了无形的妈妈交友平台。在这里，卢布精心准备好了一个完全由妈妈们组建起的平台，不用担心打扰到其他亲友，在平台上分享本身就是一种开放的态度。

没有人能阻止一个人、一家公司闪耀，最领先的企业必定用最快的速度抢占蓝海大盘，打下品牌口碑基础、人脉基础、资源基础，然后才是市场份额的快速扩张。

随着网红妈妈们的影响力不断扩张，意见领袖的人数不断增多，过去积累的口碑逐渐起了作用，越来越多的名人选择在启蒙听听上分享育儿经验，越来越多的绘本商与启蒙听听合作，提供内容。在创业的道路上，卢布等人越走越稳健，道路越拓越宽，可以说这是片完全没有天花板的自由蓝海。卢布总说："这个时代不存在壁垒。"没有人能阻止一个人、一家公司闪耀，最领先的企业必定用最快的速度抢占蓝海大盘，打下品牌口碑基础、人脉基础、资源基础，然后才是市场份额的快速扩张。

启蒙听听团队参加 CCTV《创业英雄汇》节目

在启蒙听听上线的两年间，网红妈妈们拥有了一批妈妈粉丝，同时各位妈妈之间也开始交友、产生联系。这些联系逐渐交织成一张巨大的网，把所有启蒙听听的用户牢牢地绑定，增强用户之间的关联，逐渐产生更多更好的产品。

创业的未来是与用户一同创富

在卢布的版图规划中，启蒙听听的未来是与众多用户牢牢绑定在一起的，不仅要靠用户提供内容，启蒙听听自身也要"孵化"创客妈妈，也要组建属于妈妈们的创客空间。

孵化创客妈妈们的想法，源于卢布的生活经历。在创业之前，卢总曾在腾讯工作，在大企业的工作经历给了她良好的职业素养与眼界，更有许多志同道合的人才可以共同谋事。启蒙听听的团队就是一个完全脱胎于腾讯背景的新企业，从就业到创业，卢布的转变属于自我孵化。而她显然也想把机会给予更多有能力的全职妈妈或是家庭主妇，让家庭中的女性进入社会，发挥所长。

启蒙听听从一个单纯的平台逐渐成长为一个民营女性创业孵化器，其中的转变也可谓是大刀阔斧。在与卢总交谈的过程中，我们始终能够感觉到她的想法中存在着一种“大同”观，那就是让用户和平台共同致富。个体的光芒闪耀，最终会让平台更上一层楼，优质的信息汇聚，也会让启蒙听听拥有更强大的驶向成功的引擎。

以正在筹备中的启蒙听听线下空间为例，这个空间的功能不仅是交流分享，更多的是让用户在小区周边就能遇见意见领袖，学习到知识，从无组织的线上知识散点式平台，进化成有组织的线下教学基地，覆盖到全年龄的幼儿与儿童。

作为一名女性，卢布笑称自己与男性企业家的不同在于，女性先天有着良好的感性思维，能够更好地维系人员之间的关系，保持团队和谐。这种感性总是体现在“争吵”之后，在启蒙听听的团队中，经常会发生激烈的“争吵”，这种激烈的讨论让每个人的神经高度紧张，不断迸发出更好的创意。“争吵”不伤和气，这是卢布的感性哲学。同时，女性创始人也更加灵活，男创始人容易纠结于技术和产品，忽略团队建设，女性的加入能够很好地增强团队的弹性和韧性。

女性先天有着良好的感性思维，能够更好地维系人员之间的关系，保持团队和谐。

结语

教育行业规模巨大，具有无限的发展潜力。在早教领域创业无疑是眼光独到“入对行”，但是如果想在早教领域取得更大的成功，甚至是成为行业龙头，就需要在观察中发现更多需求，然后针对需求做出转变。启蒙听听具有敏锐的需求洞察力与大刀阔斧转变的能力，这是未来在教育领域中取得更大成就的重要因素。

马里欧网络：
增强现实如何挑战早教行业二元性

导语

生财有大道，生之者众，食之者寡，为之者疾，用之者舒，则财恒足矣。

——《大学》

你玩过增强现实（AR）产品吗？你有想过你的下一代，是会在大数据高科技发展的AR时代，先你一步成为低头一族，还是面对枯燥无趣的内容继续啃书背诵？马里欧给出一条新的路径，就是在AR的帮助下，让孩子从听故事、涂卡片的过程中得到愉悦与成就感，同时获取知识与技能。家庭的陪伴，课堂的反转，从武汉市马里欧网络有限公司创始人之一的赵亚丁总经理口中娓娓道来，令人神往。

从游戏到早教，三个父亲默契转型

公司于2013年成立，主要业务是3到8岁儿童AR的教育产品。作为早教领域里较早与AR技术挂钩的公司，他们凭借几年的打拼，获得了湖北省大学生创业金奖，同时在2017年上半年，累计销售额达到了1300万元。

三个创始人相识于 7 年前的手机网游行业，那时市场上排名靠前的游戏项目，单位流水都高达几千万。可随着三个人前后当了父亲，身份变了，看事物的角度和观点也随之改变。他们眼看着别人家的小孩子，一双双清澈明眸每天只知道沉溺网络死盯屏幕，对自己孩子的未来不免也是忧心忡忡。一个偶然的机会，赵总在美国看到了一个增强现实技术的早教产品，将手机上解锁的图案作为绘图底板，打印之后又可以作为孩子的创意涂色画板。当上色的画板再次对接到手机之后，画板上面的图案便被 AR 技术点亮，呈现出鲜活的立体效果。美中不足的是，每一张图的解锁都需要高昂的费用，并且家中还需要随时备有打印机才可以印刷画板，对于最终的效果呈现而言，阻碍重重。

武汉市马里欧网络有限公司成立于 2013 年。核心团队成员来自于华中师范大学、武汉大学及华中科技大学等多家重点高校的儿童教育领域专家。公司专注于少儿虚拟现实互动类教育产品研发及运营，运用自主专利技术的少儿图像识别及 AR 增强现实技术，为 3~8 岁儿童提供早教类互动教育创意产品。照片为马里欧网络的三位创始人，本文受访者为赵亚丁总经理（后排中间）。

这会是我的创业方向吗？他问自己。如果进军早教领域的话，我能否打开中国的 AR 市场呢？其实，早教领域最大的难点在于它的“二向性”：一方面产品的使用者是孩子，他们只要求产品的趣味性，拿到的东西好不好玩；另一方面购买者是家长，他们看中的是产品的教育性，能不能让孩子有所成长。

早教领域最大的难点在于它的“二向性”：一方面产品的使用者是孩子，他们只要求产品的趣味性，拿到的东西好不好玩；另一方面购买者是家长，他们看中的是产品的教育性，能不能让孩子有所成长。

七年的游戏行业从业经历，为他们的核心理念设计奠定了一半坚实的基础。游戏最吸引人的是什么呢？是成就感，是看到财富值、受欢迎度等各种量化进阶指标不断被刷新的快感。那么，面向孩子的产品也可以异曲同工，于是他也设定不同阶段性的目标供孩子挑战和突破。而至于教育性，便是发挥团队教育背景专业的合伙人特长，汇集众多优秀的专家进行内容把关。

因此他当即决定，要做一款符合中国人消费习惯的AR早教产品——Y哥由此诞生，一个近乎可以替代手机、电脑和投影陪伴的设备，孩子抱着睡觉也不会有有害的物质入侵。它用于对接AR画板的摄像头像——一只可爱的大眼睛，而另一端的显像也可以在焦距的调解下投影到任何地方。内置资料从英语学习到动物世界，等等，可以满足孩子在家里许多学习和娱乐活动的需要。一方面家长可以在手机上监控孩子在学习或者游戏上的活动时间；另一方面孩子与家长，或者家长之间也可以进行视频聊天，便于交流和反馈。

最主要的就是学习板块的睡前故事，缓慢旋转的宇宙背景，可以让孩子很快进入睡眠状态。许多刚刚为人父母的年轻家长，有的对讲故事没有太多热情，或者有的即便满腔热情却也无从下手。于是，每日推荐或者固有存储的睡前故事也增强了陪伴的价值，或是填补了陪伴的空缺。

犹太人说，世界上女人和孩子的钱最好赚。两相对比，后者又更胜一筹。一旦经济危机来临之时，女人对于美的消费都会有所节省，但是无论如何，对于孩子的开销依然不会减少。花儿一样的下一代，这笔钱一定要用之有道。

道无常法，但是一定要顺着教育之根本才可昌泽。大学期间就不甘平庸的他，很早之前就在思考着如何创业。这次机会，是生活给执着的他的一份独特礼物。

从家庭到校园，寓教于乐回归初心

我最大的愿望是能做出一种产品，能让人感到发自内心的快乐，赵总如是说。他看到孩子们从自己的产品中获得了快乐，并且孩子总是能够给产品的调整和迭代提供积极的反馈。与此同时，五十多人的创业团队也靠着对于真实快乐的追求而“聚沙成塔”。

我最大的愿望是能做出一种产品，能让人感到发自内心的快乐。

那么，公司的未来在哪里呢？

公司发展的终极目标，是以课程为核心，设备为载体，打通三到八岁孩子从家庭到学校的学习空间，形成闭环。为此，公司一方面扩大了硬件合作的种类，同烽火集团的机顶盒、中国国际广播电台的智能电视联袂呈现丰富的家庭学习空间。现有课程包括了安全常识、数学算数、英语学习和情商培育等。例如，火灾的防御教育，我们都知道要低头捂住口鼻，而在增强现实技术的帮助下，可以让孩子跟着视频的指示实际演练，且多进行几次模拟，加深记忆。

另一方面，是将三到八岁的儿童的学习过程，进行“翻转课堂”。我们传统的教育模式通常都是老师在讲台上滔滔不绝，少有启发学生如何发现生活中问题、并且创造性将问题同实际结合的形式。结果就是孩子不爱课堂，知识也无法爱上他们的头脑。于是，翻转课堂的概念在国外率先阐发，核心理念就是把课堂的主导权从教师转换到学生，课上展开学习资料来源，让学生依据兴趣自行整理和创造，课上进行讨论和展示，让孩子更好地参与到教学活动中来。因此，作为校园课堂翻转的外围引导者，马里欧要做的是一支强有力的 AR 课堂品牌。

宠辱不惊的心态，才是面对顺境逆境时候创业企业家最需要的品质。

回望创业的过程，最难的时候，莫过于第一个产品面世前。第一次下决心放弃游戏的钱袋子，一头扎进新的领域，对于他而言，唯一要做的，就是重新像小学生一样去学习。在学校可以学到知识和信息，但是没有人会教你怎么样做老板，怎么样开辟行业新的潮流。宠辱不惊的心态，才是面对顺境逆境时候创业企业家最需要的品质。

结语

在上者有仁德修养，不受私欲诱惑、推己及人，自然会得到拥戴，大众也能乐于耕作，因而财物必然富足。有贤德的人大公无私，能造福人民，但若为了财富于道德廉耻而不顾，那便是不义之财，不义之财来得容易，也失得快。开篇《大学》中对于生财大道的描述，看似只是个人理财的小理，其实是以蓄积财富的普遍规律说明修身、平天下的仁德。尽管游戏行业算不上不义之财，但是把教育放在更高的位置，则是充分体现了一个创业企业家或是一个父亲的社会责任感。

“投入梦想产出爱”，体现了产品的特征，更映射了创业者的心愿。

企业的文化总是同创业者的个人特质紧密相关。企业的口号，“投入梦想产出爱”，体现了产品的特征，更映射了创业者的心愿。赵总相信，保持初心、快乐创新，想要在商场上坚定地走下去，内心一定要有坚定的信念，保持纯真，此谓生财之大道。

默联股份：
医疗支付领军企业的创业宿命

导语

要想做一个真正的英雄是没有选择余地的，往往是要么成功，要么成仁。

——希契科克

武汉墨联股份有限公司（以下简称“墨联”）成立于2009年，是国内领先的医疗支付解决方案供应商。本文受访者为墨联创始人兼总经理方达远先生。

作为全国性医疗支付的领军企业，武汉默联股份有限公司做到了许多行业首创，例如商业健康保险的直赔直付、社保卡脱卡支付等。行业第一是怎么炼成的？企业建立信任机制的第一要义是什么？面对持续不断的困难和打击，创业企业如何形成“反脆弱”的能力？

下文的阅读中，你会找到答案。

创业的行踪：一步一个脚印打造行业标杆

默联的业务线条主要围绕着医疗资金的收付进行医疗金融信息化。其中，收钱主要是与医疗支付环节中的银联、银行、支付宝、微信等第三方支付、医保、商业健康保险打通，付钱主要是针对医院的供应链信息进行付款结构的构建。随着经济金融体系的完善，现金流能产生利润的观点也逐步在各个行业深入人心，但在当前医疗收付方面依旧较为薄弱。于是，默联客观上帮助了医疗行业的财务部门由单纯的成本中心，向资管中心、利润中心转变。

默联最开始是偏重于做硬件的，即用来挂号、缴费和存钱的医院自助设备，但后来随着业务的展开，发现有更多的服务空间，也就是更多的商机。例如可以和银行链接，随后是第三方支付平台，之后还要做风控，等等。亟待解决的问题越来越多，因而默联的多维业务也越来越完善。于是，横跨三大行业的医疗金融信息化，或是医疗行业的供应链金融的概念，成了默联业务整体的代名词。

默联创始人方达远常说："创业就是你今天不干，明天就没饭吃。就像战场打仗，一门心思就是把敌人干掉。所以几年后回过头看，才发现现在做的事情跟以前做的完全不一样了。当时要是早知道这么复杂，我就不干了。"实际上，许多创业者一开始根本就不知道将来要做的事情具体是什么。尽管在某一个瞬间是清楚的，但却无法料到未来几年是否还能生存，更不必说会发展到哪里。这也是对于创业企业而言的，其所面临的最大风险，就是不可预测的未来。

站得越高，才能看得更远。但与此同时，路一定会越走越窄，竞争也只会越来越大。如同爬坡一般，越是靠近山顶，路越窄，甚至没有路。

有趣的是，方达远坦白地讲，自己创业的初期，从来不会思考明年要做什么；后来慢慢拿到融资，就会思考第二年要做什么。直到创业五年之后，凭借对行业理解的加深，才会有能力计划未来的五年能做哪些板块。因而，站得越高，才能看得更远。但与此同时，路一定会越走越窄，竞争也只会越来越大。如同爬坡一般，越是靠近山顶，路越窄，甚至没有路。

如何能在瞬息万变的潮流中不被裹挟着灭亡？他认为，一个行业新趋势的更迭至少需要三年。而许多企业对最早期的互联网概念还没有剖析清楚，时代就已经从移动互联网，穿越大数据，来到了人工智能的社会。因此企业需要做的就是通过研发和管理，把这些趋势融入自己的产品服务中，保证自己的主线服务不变，这样就可以在一定程度上保证企业的安全。

其实任何一个行业的空间都很大，只要企业每天都跟得上这种趋势。“现在我们能做到这个行业的第一，真的不是我们有多厉害，而是在这六七年中很多厉害的人都退出了，所以我就排第一了。”艾默生也曾提到，英雄并不比一般人更勇敢，差别仅在于，他的勇气多维持了五分钟而已。对于创业者而言，成功亦是如此。

英雄并不比一般人更勇敢，差别仅在于，他的勇气多维持了五分钟而已。对于创业者而言，成功亦是如此。

创业的机体：简约驱动文化建立信任机制

企业的发展更多的跟创始人的经历或是教育背景紧密相关，甚至于创始人是一种什么性格，企业就有什么样的文化。在他看来，五十个人以下的团队，或者创立时间低于五年的企业，都是不需要过多强调谈文化的。主要原因在于，创业者突出的综合能力使得他不需要刻板管理的过程，同样可以聚合团队；并且由于文化的传承性，沉淀的过程必然需要漫长的时间积累。

随着团队规模逐步扩展到两百多人，他逐渐明白所谓的“人多力量大”，其实指的是抗风险的能力大，因为一个群体里面必然会包含不同性格的人，而不同的性格，会有各自不同的相互适应。例如有喜欢我的人，就有不喜欢我的人，但是不喜欢我有可能会喜欢你，这样相互聚集的人就会越来越多，对企业的认同感也会越来越强。

每一个创业的人都是偏执狂，不在乎别人想法，也不在乎别人评价，因为评论者不需要为企业的未来承担责任，所以他人的金玉良言，远不如企业内部强大的执行力来得重要。大家当然还是会在业务或者发展方向方面展开激烈的争论，但是在默联，争论只有两种可能，“一种你说服我了，我完全听你；如果没有，就完全听我的，中间没有灰色地带”。这就是他个人的风格，也是企业执行力和保障。每个人都活得真实，就事论事，没有钩心斗角或是明争暗斗。为此，默联还有一条明文规定：在企业里面只有团队，没有团伙。“谁要是在我面前，说别人的不是，我会二话不说直接炒掉他。因为搬弄是非者，本是是非人”，于是企业管理也变得越来越简单。

说到底，管理本质上就是为了建立一种信任机制。信任机制凭什么建立呢？他直言，首先，是一个非常明确的利益目标。“我一直问自己，为什么大家会跟着我一起干？如果说不能养活自己，不能买车，不能买房，不能够养活自己的家人，那他们跟着我干嘛？所以首先让别人有收入，起码要有符合他能力的收入。”承认别人的价值，匹配他们的价格和利益，往往需要极大的勇气。后期融资的获得也吸引了新成员的加入，默联同样帮助他们建立一个短期、一个中期和一个远期的利益目标。“薪水匹配能力的价格高一点，大家就不会有很多怨气，就会愿意留下来。”

不要指望着人家没饭吃还跟着你干。我能做的不是建立他们的梦想，而是把他们的希望变成现实。

许多企业家会把共同理想作为信任机制建立的首要条件，但是他却认为，梦想是总结出来的，并不能当饭吃。“不要指望着人家没饭吃还跟着你干。我能做的不是建立他们的梦想，而是把他们的希望变成现实。”

此外，在实现利益目标的基础之上，再谈些许情怀。“没有情怀的人没法创业，但是很多时候，情怀是虚无缥缈的，是一种感觉。”最开始的时候他只想做最好的设备，后面变为要想做最好的支付服务系统，而如今的发展，已经让他的情怀扩展到——想要将最好的金融经验带到医疗行业来。究其原因，他笑谈，“其实这些情况都是没有办法去提取和量化的，可以理解为一种创业的宿命。”

创业的宿命：企业越挫越勇持续保持巅峰

创业的宿命，在他的个人经历中体现得极为显著。他曾经在第一次创业失败的时候，决定踏踏实实去应聘销售总监，做一个平凡普通的上班族。刚开始看到应聘题目感觉比较简单，毕竟以前自己是出题目的面试官，因而面试过程基本都是侃侃而谈。但是后来面试官说了一句话，改变了他一生的轨迹："我觉得你不是来应聘销售总监的，是来应聘董事长的。"因为他的思维方式，习惯了站在创业者的高度去思考问题。这便是他人生的必由之路，性格本就不安分的他，很难再去找工作，投入到朝九晚五的上班状态。

团队的五个创始人，除他之外的四个人，一个是他的亲弟弟，一个是他的大学师兄，两个同学，其中一个是"海归"。他说："我们几乎经历了所有创业团队都有可能遇到的各种事情。"

对他影响很深的一件事情，就是在2014年融资签约成功的那一天，公司特地准备要庆祝成立五周年的纪念日。可是也就是那一天，成为其中一个创始人出殡的日子。那时三十多岁的他，曾感觉自己无所不能。但是这个二十多年的兄弟，不抽烟不喝酒，却突然因为癌症病逝，这让他整整沉沦了三个月，陷入一种不断问自己为什么活着的崩溃状态。"创业就是这样，在这个过程中，你感觉不到什么叫残酷，什么时候叫绝望，只是觉得处在一个过了一天就是一天的状态。"

创业就是这样，在这个过程中，你感觉不到什么叫残酷，什么时候叫绝望，只是觉得处在一个过了一天就是一天的状态。

庆幸的是，他的乐观逐步带他走出低谷，依旧保持着很真实的生活状态。生活就是如此，就像是一种宿命。以至于让人觉得，创业就是每天掰着手指头过来的，甚至于连掰手指头的时间都没有。因而有限的生命，他希望自己能够完成两个重要的任务："第一个是努力进行IPO，第二个，就是找到一个能接我班的人。”他认为每一个人都会有自己的巅峰期，一个企业的巅峰期就是这个创始人的巅峰期。巅峰期的人是不可战胜的，就如同他有时候会瞬间做出一个正确的决定，否则如果犯错误，企业早已不复存在。

而中国很多的民营企业第二代就开始衰败，就是因为不合适的人在不合适的位置。一旦过了自己的巅峰期，就应该找另一个各种方面都处在巅峰期的人来引导这个企业。那么怎么判断一个企业家的巅峰状态呢？他认为首先60% 的因素是体力和体能——出于医学背景的感知，当一个人发现力不从心的时候，它就是一种衰败信号；第二个是连续犯错的概率有多大。他只希望自己四十五岁后，能将企业交给更有创造力的团队管理，使企业又能迎来新的巅峰期。

结语

整个访谈过程，我们都在不断地被他的阅历和胸怀所折服。无论是能够把梦想变为现实的自信，或是面对挫折或是成功依然乐观谦逊的心态，总是让人构想出几分英雄气概。命中注定要行走在创业的道路上的他，义无反顾的坚持成就了行业第一的传奇。《反脆弱》一书中讲到，任何一个组织的机体都有一种自我的激励和修复的机制，有的伤害反而能激起内在的本能。我们没有权利选择避免伤害，但是我们能够从伤害中汲取反思和经验的能量，从而走得更远，更踏实。《道德经》中也有“反者，道之用”的说法。运用好创业前进过程中的阻力，也是一种艺术。

我们没有权利选择避免伤害，但是我们能够从伤害中汲取反思和经验的能量，从而走得更远，更踏实。

而对于被宿命选定的英雄而言，即便不成功，也会成全仁。尽管不一定舍生取义，但是绝对不会自己先“捞满好处”，而是用真实的自我创造真实的企业，用现实打造情怀。

达梦数据库：
数据江湖里的追梦志

导语

人们都把我的成功归功于天才，其实我的天才只是刻苦而已。

——爱因斯坦

武汉达梦数据库有限公司（以下简称“达梦公司”）是专业提供集大数据平台架构咨询、数据技术方案规划、产品部署与实施于一体的大数据平台公司，是国家规划布局内重点软件企业，是首批获得国家“双软”认证的高新技术企业，以及唯一获得国家自主原创产品认证的数据库企业。本文受访者为达梦公司创始人冯玉才教授。

冯玉才教授在“大数据挑战与对策”研讨会上做主题发言

达梦公司是一家近四十年成长历程的企业，相比中国其他的数据库公司，达梦走了一条异常难走的自研道路，将核心技术牢牢握在自己手中；相比数据库领域的后起之秀，达梦又有足够的体量，它的业务和时代一起发展，打上了时代的印记。如今，我们再来看成绩斐然的达梦，不是开挂，而是厚积薄发！

寻梦有志：为民族数据库品牌而崛起

追溯达梦的起源，如果要用一个关键词来概括，那就是——觉醒。为什么？绝大多数人的创业，都是一种过往经验的延续，但是冯玉才是个例外，他是受民族自尊心的驱使。

20 世纪 70 年代末 80 年代初，当时美国的数据库管理系统已经商用了，而中国在这一领域几乎是一片空白。这样的现状让当时的冯玉才内心很是焦虑。

真正让冯玉才下定决心研究数据库技术的，还是遇到了这样一件事。1978 年，由日方承包的武钢热轧，在项目竣工时，就地销毁了包括数据库软件在内的三卡车资料，这一幕刺痛了当时正在武钢学习的冯玉才，于是，他要做中国人的数据库的心觉醒了。

但是，想做和会做是两码事，导弹专业出身的他注定在做数据库上要比别人花更多心思和精力。靠着一本英文字典，仅用半年，没有英文基础的冯玉才"啃"完朋友从美国寄回来的 300 多篇英文原版论文，逐渐熟悉了数据库系统各子部件的工作原理及使用方法，开始着手准备数据库管理系统的研发工作，并成立了研发小组。

研发路漫漫其修远兮。历经三次失败，历时十年，1988 年，冯玉才和他的团队，成功研制了我国第一个自主版权的"数据库管理系统 CRDS"。这个第一仗打得很漂亮，让团队信心大振，而且还得到国防科工委的肯定，并得到科研经费的支持。1992 年，华中理工大学（现名华中科技大学）达梦数据库多媒体研究所正式成立。

正是这个时候，国内数据库企业如雨后春笋般蓬勃而出。而此时，国家有关部委对信息产业和信息安全也越来越重视，为了测试各家企业数据库产品的水平高低，科技部在 1997 年组织了国内数据库行业的首次“PK 赛”，达梦研究所在这场比赛中一举夺魁，自此在业界声名鹊起。此后的达梦在连续六年的“PK 赛”中都独占鳌头。

华中科技大学数据库与多媒体技术研究所

逐梦有行：走自主原创道路，做自己的技术主宰

约翰·洛克菲勒说过，如果你要成功，你就应朝新的道路前进，不要跟随被踩烂了的成功之路。达梦正是如此。

2000 年，武汉达梦数据库有限公司正式成立。一年后，上海分公司研发团队组建。达梦正式通过市场运作模式，将达梦产品、服务推广至更多的政府单位、军方以及合作企业。

当达梦逐渐走上快速发展正轨时，达梦发展史上的最大危机到来了。此时，国内大部分数据库厂商都采用了开源的技术编程，这让很多数据库公司迅猛发展，因此，在 2003 年“PK 赛”中达梦一落千丈，营收中断的达梦面临了“生存危机”。

在如此境况下，达梦面临了选择：到底是自主还是开源？“坚持自主研发”起点低，难度高，是一条布满荆棘还不一定能到达终点的路，但“基于开源做数据库”相当于站在巨人肩膀，伸手就可以摘苹果。

如何选择？在冯玉才看来，自主知识产权是达梦的核心竞争力，达梦数据库的代码全部自主编译，技术具有独立完整性，从长远考虑，独立完整的代码让达梦数据库更能脚踏实地、一步步迭代出符合时代需求的数据库形态。一旦开源，等同于放弃了核心技术，没有最核心基础支撑的数据库就如同搭建空中楼阁，就算获得的成就再多，也有瞬间垮塌的可能性。当然，还有一个重要的原因，这就变相地承认了国产数据库比国外的差，这与达梦的企业文化是背离的。不能把自己的摩天大楼盖在别人的一根针上，不能让别人扼制住中国数据库技术的喉咙，因此，冯玉才坚定了不开源的决心，就这样，达梦在日夜兼程的奋战中熬过了生死线。

2017 年达梦公司乔迁至武汉未来科技城，和光谷一起进入快速发展时期

正是经历了这样的发展过程，才让达梦的研发队伍、人才、技术都更加牢固。就这样，达梦基于完全自主的技术路线坚定地走了近四十年，正是因为达梦始终坚持这一原则，才得以杜绝继承开源系统导致的版权纠纷，同时从根本上保证了系统安全，满足了国家信息安全的战略需要，为以后长久的发展奠定了坚实的基础。

筑梦有合：抓趋势，拓市场，因势而谋实现跨越发展

经历了2003年的生死搏斗，不仅让达梦坚定了走自研道路的技术路线，更重要的是，达梦认识到走市场化道路的重要性。

这个时候国内的市场，早已大部分被“IOE”所占据，达梦开始在夹缝中找市场，电力成为达梦首个破冰的行业。而后，随着“网络安全和信息化工作”越来越被党和国家高度重视，在网络安全、自主可控等方面出台了一系列政策，建立国家信息安全战略体系，在电力、电信、金融等关系国民经济命脉的行业，开始去“IOE”。达梦的机遇来了！

达梦公司的产品逐渐在很多行业中开始积极实践并取得很好成果。在电网调度的核心应用上采用达梦数据库的国家电网、基于达梦数据库的中国铁建集团财务大共享平台、达梦公司开发的在线事务处理的民航客票交易系统等都是达梦公司抓住趋势，开拓市场的经典案例。

如今，达梦数据库在中国电力及其全国30多个省（自治区）电力下属的72家分支机构已运行了十余年，系统始终运行安全、稳定、准确。达梦公司已经连续8年获得国家电网的采购。在国家电网的智能调度系统中，达梦数据库产品也占据了90%的份额。以达梦数据库为基础平台的民航客票交易系统也已在国航、东航等24家航空公司成功上线，平均每天约有120万张票都在基于达梦数据库的电子客票系统中出票。

新时代的达梦已非当时能够想象，市场覆盖全国34个省（自治区）和直辖市、200个地级市以及东南亚、中东、非洲、欧洲海外市场，在国防、安全、军工、财政、支付、通信、金融、审计、海关、国土资源、电子政务、

因势而谋，才能谋定后动；因势而新，方能有所作为。

应急救援等 30 多个重大核心行业领域，取得了广泛应用，并且建立了多个子公司和 20 多个办事处。因势而谋，才能谋定后动；因势而新，方能有所作为。达梦正在加速着征服世界的梦想！

圆梦有恒：布局“大数据”，完善产业链，开启新征程

在项目案例越来越多，产品应用领域越来越广的情况下，达梦的产品也在更多实践中逐渐升级，从 DM1 到 DM7，产品越来越成熟，不仅在运行效率上比国内其他公司更高，在内存体积上也更有优势，而且 DM7 通过国家网络与信息系统安全产品质量监督检验中心 EAL4+ 级审核，达到了目前国产数据库最高安全级别。

与此同时，公司的战略调整从单一的产品型公司向数据平台型公司转型。达梦公司提出了“大数据平台战略”，依托完全的自主知识产权和多层次的技术积累，构建了一体化大数据平台，推出了适用于不同行业的整体解决方案及可定制产品组合，为用户提供从大数据平台咨询、规划到技术服务，并且在 2017 年，达梦重磅推出了达梦云。

基于平台战略，达梦还开始了在大数据产业链上下游寻求产品、技术、渠道、商业模式上的新型合作，与华为、阿里云、腾讯、浪潮、曙光、中软等公司结成伙伴联盟，构建“达梦大数据平台”生态圈体系。达梦通过强化产业链的横向和纵向联合，从解决用户在大数据管理中遇到的实际问题入手，以实际应用带动产业链配套进行市场竞争。

新时代新征程，达梦基于关系型数据库方面的深厚的技术积累，结合达梦原有的在数据处理方面积累的能力和经验，打造一款技术领先、具有自身特色的图数据库产品，

这也将成为达梦产业链上的重要一环。

结语

凡是过去，皆为序章。跨越“七个五年计划”，达梦实现跨越发展的背后，正是因为做对了三件事——找对了方向、走对了技术路线、抓对了市场，保持了三颗心——初心、匠心、恒心。

跨越“七个五年计划”，达梦实现跨越发展的背后，正是因为做对了三件事——找对了方向、走对了技术路线、抓对了市场，保持了三颗心——初心、匠心、恒心。

2018，正当这个改革开放的不惑之年，无数人心头可能都有万千思绪，为着眼前的苟且，为着明天的诗和远方。对达梦来说，这将又是为梦想奋斗的一年，无论是继续研发技术领先、具有自身特色的图数据库产品，还是利用资本的力量逐步完善产业链布局，达梦依然都是不骄不躁，以匠人之心来完成数据中国梦。新时代，达梦将和您一起：使命必达，梦想成真！

逸飞激光：
怀忧患而不惧，非创新则不为

导语

反者道之动，弱者道之用。

——《道德经》

走进逸飞激光的大楼，仓库 - 车间 - 办公室复合的建筑，不禁让人想起了日剧中常见的日本企业，“小而美”的设计中透露着对于质量的高标准与严要求，工作人员忙碌的身影也表现出对于工作的一丝不苟。

武汉逸飞激光设备有限公司（简称逸飞激光）是国内最为专注的锂电池电芯、模组和 PACK 整体解决方案供应商，也是技术储备最全、客户分布最广的供应商。照片中右边是逸飞激光创始人吴轩董事长，也是本文的访谈对象。

到达位于二层的办公室，我们一行人一共拐了三个弯，上了两层台阶，就在这样的婉转与曲折中，抵达了吴轩董事长的办公室，办公室内整洁宽敞。在这里，吴总用一整个上午的时间，让我们了解了逸飞激光，也让我们听到了一个灵活应对挑战、多次转型成功的创业传奇故事。

从 0 到 1，为他人之不敢为

1999 年，毕业于华中科技大学的吴轩成立了一家名叫逸飞激光的公司。在当时，国内的激光焊接行业仍属于幼稚产业，其发展还远远比不上技术已经成型多年的发达国家。在亚洲，几乎所有的激光焊接市场份额都被德、美、日、韩所占有。而国内由于起步晚、技术不占优势等条件限制，想要制定弯道超车计划，只能依靠较为廉价的劳动力与集成大规模生产来压低成本，转变为与海外的价格竞争。

在成立之初，逸飞激光内部仅有 9 名员工，作为一家全部由新人组成的初创企业，他们面临的难题不仅有技术难关，还有管理难关。怎样将这支团队打造成一支能够在市场上生存下去，甚至是有强大竞争力的团队，这需要向成熟的国外企业学习。

日韩激光领域内的企业往往规模不大，但是产值却是国内同类型同规模企业的十倍以上，这对逸飞激光很有触动。在实地考察与研究基础上，吴总发现日韩很多企业，均专注于某一领域做到行业第一，从而打开市场，主要掌握市场的话语权与定价的优势。这对于当时主打性价比的国内激光企业仍是个不小的挑战：既要缩减产品成本，又要提升技术，这对于一个初创企业而言十分冒险。而逸飞激光则欣然接受挑战，2006 年，他们将自身定位为国内焊接领域的后起之秀。

然而，贸然将自己的定位精准化可能会带来两方面的不适：第一，定位明晰化带来的视野转变。第二，定位可能会有偏误，需要矫正转轨给企业带来的转型不适。

对于逸飞激光而言，他们明显不是一家幸运值满点的公司，然而他们面对难题从不逃避。迎难而上，解决问题才是他们的作风。

意识到上述问题后，逸飞激光快速转型，而这次转型

也为他们今后的发展奠定了良好的基础。

从适应到引领，想客户之所想

在 2007 年，由于手机逐渐智能化，功能越来越多，人们也越来越依赖手机，由此，超长待机的需求也越来越迫切，市场上锂电池的需要迅速呈现井喷态势。而锂电池的生产过程中，激光焊接技术十分重要，逸飞激光抓住了这个机遇，以自己的专业化打开了市场。同时，除锂电池外，他们还涉足民用灯丝、家电五金等领域，并据此在市场上站稳脚跟。

市场中不缺少跟随者，缺少的是领路人。

“市场中不缺少跟随者，缺少的是领路人。”逸飞激光在成立 3 年后开始有了做领路人的雄心。2007 年，绿色时尚全球风靡，很多领先的机构和个人都关注可持续发展，吴轩也在这个行列中。长久以来，逸飞激光团队一直是锂电池设备制造行业的中流砥柱，然而众多的生产商、相似的产品、国外同类型产品的打压，导致国内的激光焊接设备走价格策略，甚至还在内部发生了恶性价格竞争。究其原因，主要是由于国内企业技术不强，产品竞争力不足所致。逸飞激光深知这一点，并在 2007 年年底首次将动力电池激光焊接设备提上了日程。

经逸飞激光设计制造出来的激光焊接机不仅输出功率比其他厂家生产的增加 40%，而且在能耗上也比其他厂家更少。逸飞激光生产的高效低耗能的激光焊接设备质量在市场上具有很强的竞争力，但是他们并不想延续之前的“物美价廉”定价策略。与之相反，产品价格应当作为展示产品质量的一项重要信息传递给广大消费者。因此，激光焊接设备的售价比市场均价提高了 30% ～ 40%，基于此，逸飞激光走的是品质优先的高端产品策略。

产品价格应当作为展示产品质量的一项重要信息传递给广大消费者。

所谓“酒香不怕巷子深”，好的产品是吸引消费者的关键。吴总在访谈中向我们提及这样一个案例，在 2010 年，逸飞激光不仅提供激光焊接单机，而且开始生产激光自动焊接站。湖南的一家制造厂厂长抱着稳健的想法，对比性地购买了多台激光焊接机和一台激光自动焊接站。由于制造厂以计件方式支付员工工资，因此设备的效率侧面决定了员工的工资。很快地，厂长发现所有的员工都愿意在激光自动焊接站上工作，因为其效率是传统激光焊接单机的三倍多。自此，这位湖南的厂长对逸飞激光加倍信任，毕竟，相对于提高近一倍的产能而言，增加 30% 设备价格就显得微不足道了。

渐渐地，市场上由于政策影响出现了更多的自主研发的动力电池设备，但这对逸飞激光的影响不大，因为逸飞激光团队从 2005 年成立以来到此时已经十三年，企业年产值越来越高的同时，公司规模也越做越大、公司市场知名度与信誉也已经累积起来。但在吴总心中一直怀着忧患意识，公司正在蓬勃发展，规模不断扩大，但是由于招募新人的速度快于产值增加的速度，导致人均产值呈下降趋势。这一切吴总看在眼里，急在心里。

一般来说，有两种思路可以突破人才和效率瓶颈、一种是内部结构重整，通过人员精简、部门职能重塑；另一种是外聘企业导师，通过培训或是其他必要的模块外包方式提升企业内部效率。但是吴总选择走第三条路，换位思考。

吴总将自己换位思考为消费者，揣摩消费者喜欢什么，想要怎样的产品，应该将产品做怎样的改造与提升才能匹配需求。在激光焊接领域，产品的需求不是第一位的，因为随着第四次工业革命的到来，国内制造厂已经不能满足于传统的生产车间制造模式，而是急需在工厂中引入智能化的生产体系。对于吴总来说，改造与转型是他与逸飞激光最拿手的事情。由此，帮助其下游厂商进行智能化改造，提供一套切实可行的工厂转型解决方案就成了逸飞激光崭新的业务模式。

提供解决方案对于逸飞激光意味着从提供产品的制造业升级到了提供知识与信息的服务业。打包一项解决方案，在净值上比生产产品要多得多，同时逸飞激光在行业内积累起来的影响力也会变现成为价值。

逸飞激光从制造业中的跟随者，到制造业中的引领者，这次“华丽转身”，为逸飞激光提供了持续增长的动力源。近三年来，逸飞激光几乎年年营收翻番，创造了行业奇迹。同时，也为更多的传统制造业提供了新思路——出售能力：将企业自身特长能力变成可以向市场提供的产品，为购买者提供更多的附加价值。

从 1 到 n，做行业之未做

转型，说起来容易，但是做起来却很难，因为任何一个人都不知道新研发方向的产品能否成功。吴总却坦然地对我们说，逸飞激光每次都能转型成功是有秘诀的，其中有两点尤为重要：其一就是成为行业中的内行；另一个就是要有包容错误的心态。

吴总笑称他自己就是激光焊接行业内的“行家里手”，因此在新产品设计以及行业前沿内容的领悟上会比其他企业要快，这就像是赛跑之前在跑道上提前走了 100 米，当行业政策风向变动或是消费者偏好出现改变的时候，逸飞激光总能保证自己比别人更快，做得更好。

企业要学会包容错误，就像是目前在硅谷大热的特斯拉，其新产品的设计与推出也难免要经历失败与推翻重来。在逸飞激光内部也是一样，初创产品的错误即使再多，都可以被宽容和原谅，只有开放和包容的氛围，跨界的创新才能突破固有的思维被创造出来。

逸飞激光多次转型的成功，不仅仅屡次使团队面临的问题迎刃而解，而且提升团队的眼界与市场空间。吴总坦言，光谷的很多企业都存在着“4000 万困境”，是指在光谷创立的企业由于对外联系较弱，当企业规模发展到年营收 4000 万时，往往会遭遇瓶颈，需要停滞一两年才能继续扩大。而逸飞激光凭借破釜沉舟的勇气与强烈的危机意识，依靠全封闭式的多次实验，最终探究出一条不断转型升级的发展路径，成功避开了“4000 万困境”，实现了平稳的发展壮大。

结语

时代中不缺少跟随者，缺少的是领路人。领路人的素质要求具备忧患意识，头脑清醒。清醒这个词在当前看来

时代中不缺少跟随者，缺少的是领路人。

变化就像风，无处不在、无时无刻不在发生着，只有清醒的头脑才能跟紧风向、跟对潮流。

忧患意识和创新精神本是一祖同源，忧患忧的是明日之事，创新改的是旧日之习。

尤为重要，因为变化就像风，无处不在、无时无刻不在发生着，只有清醒的头脑才能跟紧风向、跟对潮流。

忧患意识和创新精神本是一祖同源，忧患忧的是明日之事，创新改的是旧日之习。它们都是对于当前现状的不满与更好建议的酝酿，是有所动作前的意识觉醒。但不同的是，创新依赖于行动，只有用行动证明了改变是可行的，才能将创新者区别于杞人忧天者。

创新的行动在于创造与转型两种，其中转型要更为艰难，不但要打破环境或自身的枷锁，还要体现创新意识。而逸飞激光在几条道路中选择了最为艰难的一条，展示出无限的勇气与能量。逸飞激光的出现点亮了光谷，也让东湖高新区这个冉冉升起的创新平台更加闪耀。

恩倍思科技：
硅谷海归的显示雨林

导语

狮子率领的羊群，战斗力远胜由绵羊率领的狮子。

——亚历山大大帝

作为东湖高新区光电子信息产业中的一员，武汉恩倍思科技有限公司创办7年以来，从研发触摸显示屏起步，逐步介入楼宇亮化市场，从2012年至今，5年跻身光谷“瞪羚”行列，每年年收入增长率超过100%。2017年，恩倍思的销售额达到数亿元。

武汉恩倍思科技有限公司是一家专业从事大屏幕显示与景观亮化产品研发、生产、销售的高科技企业，坐落于东湖高新区未来科技城海外人才大楼（如图所示）。本文受访者为恩倍思科技早期四位创办人之一：副总经理尹晴云。

一走进恩倍思科技的展厅，刹那间仿佛置身于热带雨林中，眼前的小间距LED显示屏上赫然开着多簇鲜花，色彩艳丽，饱和度极高，让人眼前一亮。走近了一看，发现这个 4 m×2.4 m 的大型 LED 显示屏幕是由多块50 厘米见方的基础小屏组装起来的。这种清晰度高、可自由拼接的显示屏幕，就是由武汉恩倍思科技有限公司（以下简称恩倍思或恩倍思科技）研发并生产出来的。

显示之花在光谷绚丽绽放

恩倍思科技坐落于武汉未来科技城地标性建筑新能源大楼（喇叭花）旁，在这里，他们将光谷造、武汉造打出了世界级的知名度。2014 年，瑞士苏黎世应用科技大学教授和 EMBA 学员漂洋过海，来到恩倍思科技，参加“中欧市场交流会”，并且每年组织 EMBA 学员来考察、调研。究其原因在于恩倍思科技掌握了核心的显示技术。

恩倍思科技成立之初，主营业务是教育产业的智能触摸一体机以及相关的增值服务。但是在市场竞争中，恩倍思科技创始人周伟先生敏锐地察觉到在教育硬件的竞争中渠道为王，其市场已经是一片红海。他们同步研发了小间距 LED 显示屏，从而迈出了恩倍思新一轮发展的关键一步。

经过打磨，恩倍思科技在显示领域的产品已经不仅仅局限于小间距 LED 屏，还有 COB 工艺小间距 LED 显示屏、ED 透明屏、LED 条幕屏、DLP 无缝拼接屏等多元化产品，成为显示领域的领头羊。

奥运精神在恩倍思生根发芽

在这次采访中，恩倍思科技的副总经理尹总向我们介绍了恩倍思科技的企业文化——新奥林匹克精神，即奥林匹克竞争中的公平、公正、公开的氛围，以及所有人向着同一个更快、更高、更强梦想前进的精神。

恩倍思注重吸收中西方企业文化的优点，倡导平等、透明的企业文化，尊重每一个员工，对管理者要求严格，从总经理开始，任何人的言行必须有公正合理理由，为所应为，而不为所欲为。这有效地促进了人才的集聚和积极性的提高。

对于周伟来说，感恩和尊重是做人、办企业的首要准则。在外尊重合作伙伴和竞争对手，对内尊重员工；既了解员工的基本状况，也让员工了解公司的基本情况，做到信息透明；既重视员工的每一个建议，也包容员工的每一次失误。也因此，“尊重、平等、感恩、厚道”成为企业核心价值观。价值观是公司的内核，让恩倍思科技呈现出源源不断的生机与活力。价值观所强调的“理念的一致性”，就像是力的解构，当且仅当所有力的作用方向一致的时候，力的合成才是最大值。员工也是如此，只有每个人的理念达到一致的情况下，公司才有可能发挥出最大的潜能，在市场上获取最大的价值。

在企业中，有所谓的“彼得原理”，指的是在各种组织中，由于习惯于对在某个等级上称职的人员进行晋升提拔，因而组织成员总是趋向于被晋升到其不称职的位置。恩倍思科技认为，干净、一致的内在环境能转化为极强的外在优势，在一定程度上可缓解因“彼得原理”产生的组织低效。“彼得原理”现象是由于新晋升的管理层人员能力被高估导致的，而在“干净、一致”的内在环境下，这种人员的错配情况就较难发生。原因是当企业内部气氛更加平等，上下级之间交流得更多，话题更加深入时，合作会更加无间，管理难题也就迎刃而解了。

硅谷气息在武汉飘荡蔓延

作为一名好舵手，恩倍思科技的创始人——总经理周伟大有来头。上海出生的周伟先生是清华大学本、硕毕业生，也是美国硅谷图形芯片专家，在图形芯片领域拥有20余年的积累和经验。2009年，他应湖北省政府邀请，回国创立恩倍思科技，是湖北省“百人计划”特聘专家，“3551人才计划”专家，湖北省有突出贡献中青年专家。

未来的交互应远远不止触摸互动，而是视觉、听觉、嗅觉全感官的交互体验。

硅谷的工作经历不仅让周伟先生快速成长，同时也积累了行业前沿知识。硅谷是美国未来科技的大本营，周伟先生在硅谷这个创新的汇集地中，对未来交互端口渐渐形成了自己的判断：未来的交互应远远不止触摸互动，而是视觉、听觉、嗅觉全感官的交互体验。2007年，湖北省相关领导带团去硅谷招商，周伟在图形芯片领域的丰富经验被看重。而周伟也看中了湖北的楚文化、良好的工业基础和科教优势，更重要的是，他看到了中部巨大的发展机遇，被一种美国没有的活力、挑战与机遇震撼到，于是回国，来到了湖北武汉。恩倍思科技应运而生。

回望创业历程，恩倍思的成功与其硅谷基因密切相关。这些硅谷基因包括：

引领市场的创新观。在恩倍思团队看来，变化意味着时运、意味着潮流，要在市场中顺时而作接受它的变化，并做到领先市场一步主动变化，甚至是引领变化。

布局赛道的技术观。对于制造业而言，技术在知识产权的保护下能为公司带来巨大的经济利益，因此技术研发对于企业十分重要。在显示领域中，技术往往在3到5年间发生一个风向的变化，恩倍思团队选择主动出击，在显示领域的各个潜在的发展风口上扎根。他们不仅仅在小间距LED显示屏方向发力，同时也兼顾了LED透明幕墙与LED条幕屏技术，真正地做到了多位一体，布局未来各种可能产生突破的技术赛道。

专注的创造观。不论是成立之初还是时至今日，恩倍思团队一直坚持在显示行业中坚定不动摇。这种坚持感染了每一个团队成员，带上专注基因的恩倍思在同一个领域里的技术突破势如破竹。

专业化的团队。恩倍思起始于科学家创业。其中两位创始人在美国硅谷从事该行业研究和工作十多年，具有高超的行业技术和产品发展方向的把控能力。骨干团队成员均来自行业知名厂商研发和销售精英。团队行业经验丰富，经过多年磨合，已经形成了以创始人为核心、协调一致、凝聚力和战斗力超强的队伍。恩倍思更加贴合各个方面的市场，更了解市场的各个角度和各个侧面的需求。

恩倍思的硅谷基因来自于掌舵人的硅谷经历与硅谷情结。硅谷的研发人员大多是亚裔，而管理层的绝大多数是白人高管，证明亚裔是可以成就世界品牌的，而中西方管理文化的灵活交融，坚信是可以跨越这个难以逾越的鸿沟的秘诀。周伟更加明白，高科技企业在世界范围内的崛起才是中国人获得更高国际影响力的坚实依靠，这同时也让他更加坚定了创造一个中国的世界级品牌的决心。

高科技企业在世界范围内的崛起才是中国人获得更高国际影响力坚实依靠。

结语

时至今日，“恩倍思”已成为行业有影响力的知名品牌。公司产品在体育、机场、地铁、水利、公安、银行、大型商圈等行业的标杆性项目中已得到大量应用，行业知名度与日俱增。对于恩倍思团队而言，目标并不仅仅是在与同类型产品竞争中拔得头筹，而是做大做强品牌，树立百年企业。

恩倍思科技将自己的创新过程抽象为“生产、研发”两部分，周伟先生认为目前所有的显示企业都在拼生产端，通过压低运费、减少劳动力来拼成本，从而变成了价格的恶性竞争。恩倍思科技不想走这样一条路，生产端由于厂房与器械的固定资产成本太大，会把整个企业“坠得很重”；而显示产业是一个目前变化非常快的行业，任何

任何企图依靠暂时技术优势、市场优势，故步自封的“被动防守”者，都只会被打翻在地。唯有持续不断的创新和技术挑战，才是企业生存的真谛。

一项技术都有发展的空间，没有一项技术处于主导地位。周伟认为：在如此快的行业技术变化大背景之下，企业的重点应落在趋势的把握与产品的研发上。做公司做产品不要被技术约束，科技的发展推动行业不断技术创新与进步，不要静态地看待产品和技术。市场参与者必须抓得住科技进步的大趋势、大规律，有先进的战略性眼光、开创性精神。任何企图依靠暂时技术优势、市场优势，故步自封的“被动防守”者，都只会被打翻在地。唯有持续不断的创新和技术挑战，才是企业生存的真谛。

提前布局赛道，不跟随所谓模式，而是不断理解，不断悟深市场发展规律，就可收事半功倍之效；看懂趋势、看见未来，就可将团队带向辉煌。

对于一家企业而言，前景是否光明，取决于跑道及掌舵人。提前布局赛道，不跟随所谓模式，而是不断理解，不断悟深市场发展规律，就可收事半功倍之效；看懂趋势、看见未来，就可将团队带向辉煌。这正是当下我们看到的恩倍思科技。

心触动科技：
智慧服务“触动”大学校园脉搏

导语

明者因时而变，知者随事而制。

——（汉）桓宽《盐铁论》

武汉某高校的校园里，在一个不起眼的角落树立着一块一米多高的显示屏，匆匆而过的学生时不时停下来，进行自助操作，或查询校园卡余额，或支付宿舍电费，或查询教务处最新公布的消息……功能丰富，快捷方便。目前，这样的显示屏已经覆盖了武汉80多所高校，平均每所学校的投放量大概在100台以上，它们都来自一家公司——心触动

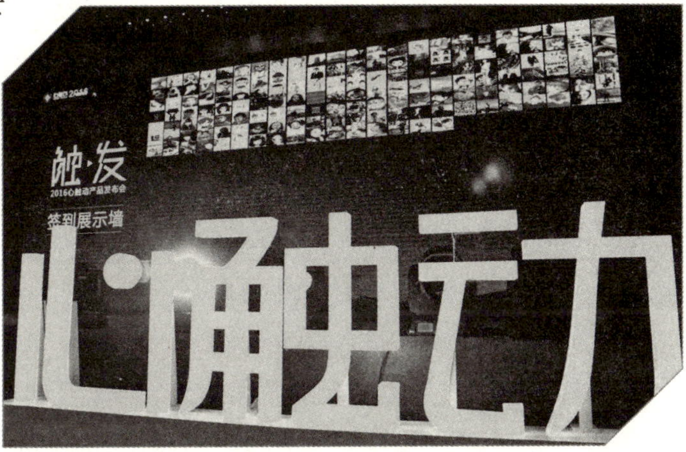

心触动（武汉）科技有限公司是一家专注于智慧高校的科技媒体公司，以“智能终端，智慧高校”为理念，以发展中国教育事业为使命，帮助更多的大学提高智慧服务能力，愿景是成为中国智慧高校的领军企业。本文访谈对象是公司创始人王绪松。

（武汉）科技有限公司。

从智慧交互的触摸屏到人文关怀的“心触动”

心触动是一家专注于服务大学生群体的互联网科技公司。心触动终端为学生提供便捷的校园生活服务和信息咨询；心触动后勤管理系统，帮助高校提升后勤信息化和增强管理效率。这些投放在校园中的屏幕，可以实现手机操作、PC管理、终端屏幕之间的交互，便于操作和使用。

“心触动”这个富有人文情怀的公司名字，不禁让人想了解这个名字背后的内涵，这家公司的存在是怎样地触动人心以及触动了谁的心呢？

创始人王绪松这样解答：所谓“触动”是想用这样的一个显示屏终端来拉近与学生之间的距离，通过多端互动来实现与学生们交流。“心”有两层含义，一是希望把一种“上进心、责任心、社会心”的理念传递给学生，让他们能更好地成为一个“社会人”。同时，“心”与“新”同音，智慧终端走进校园，带来新产品、新模式、新理念，改变学生的生活。其实说到底，心触动公司的出发点来源于校园，最终服务于学生。多数人都曾在校园中度过人生最美好最重要的时光，王绪松的校园情怀使他希望通过自己的创业让校园生活更加便捷，让学生们能节省为各项琐碎事务奔波的时间，真正去做自己想做的事情，让青春没有遗憾。

“我们的智能终端虽然看上去是一个小小的像电视机一样的触摸屏，但技术上和做一个手机、平板电脑没差别，具有较高的科技含量，特别是底层的架构和未来功能的拓展性，必须有自主研发的技术做支撑。我们从外观设计、内部布局、应用软件等核心技术都是自己开发的。”在心触动的终端大屏上学生可以进行水电查询、报修检查、校园卡充值、失物招领、社团管理等围绕着校园生活方方面面的服务。

比如说，在校园中最让大家头疼的就是每当宿舍的某项设施坏了，需要填写保修单交到宿管处，宿管再通知物业公司派人来维修，这一来一往之中花费的时间少则三两天，多则一个礼拜，坏掉的设施让宿舍生活很是不方便。心触动公司想到了这点，学生用手机报修，维修部门通过PC 终端知道学生的位置和报修问题，让信息精准直达，做到实时报修。维修部门可以用心触动的系统实现维修人员排工，及时派人解决存在的设施问题，同时也可以对人员进行考核。自从大家使用了这个服务，设施问题不再是问题，不出一天这些问题都能得到解决。

学生们的大学校园生活，除了学习和研究，丰富多彩的社团文化生活也是必不可少的。心触动自主开发的系统不仅给社团提供了一个有效的管理平台，还提供了通过终端向全校同学发送活动通知，提高曝光度的便利性。过去学校的热门活动常常需要报名预约，现在只需要通过手机轻轻一点，就可以报名参与，不会再错过每一个精彩瞬间。

现在，不仅是武汉的大学生们可以享受到这样方便的服务，上海、北京的许多高校也开始普及这种智慧显示屏幕。在上述 3 座城市，120 个学校，1300 台终端，服务着 150 万名学生。

从年薪百万名企高管到优秀奋进的青年创业者

每当说起这些终端和系统，心触动公司的 CEO 王绪松眼中总是闪耀着自信的光芒，这个 85 后的年轻创业者是“湖北省十大青年创业人物”，被福布斯评为“中国媒体营销行业值得关注的年轻人”。我们见到王绪松时，他穿着一件深色的POLO衫，看上去精神饱满，朝气蓬勃，透着自信和稳重。

王绪松高中时就开始在澳大利亚求学，毕业于世界百强名校澳大利亚莫纳什大学，获得会计学和金融学双学士学位。初步入社会的王绪松最初在四大会计事务所工作，由于表现出众，后到澳大利亚的某中资公司出任执行总裁，主要负责并购、资本运营等工作，不断追求进步的他后来又继续在中欧商学院深造。

拥有一个年薪百万的职位是多少还在打拼的年轻人的梦想，然而王绪松却放弃已经拥有的成果，从零开始，投入到创立一家互联网新媒体公司的事业中，“不安分”是王绪松对自己的评价。“我认为创业人才不是培养出来的，这些人都有着与生俱来的特质。”这种冒险精神使得他义无反顾地奋勇向前，追求自己想做的事。王绪松之前在金融行业的工作经历看似与媒体行业毫不相关，但一次机缘巧合，他与两个在广告、传媒行业工作多年的好友一拍即合，在对智慧校园市场进行深入调研后，他认为自己有能力在这个行业中闯出一片天地，于是三人在武汉创立了如今发展迅速，在上海和北京均有分公司的心触动（武汉）科技有限公司。

创业不存在成功与否，只在于你是否把这项事业坚持地做下去。

相对于同龄人和同类型企业，王绪松和心触动无疑都是成功的，但他却谦虚地说道：“创业不存在成功与否，只在于你是否把这项事业坚持地做下去。”有一次王绪松与客户应酬到很晚，然而此时疲惫的他却突然收到一个项目的提案，想要拿下这个项目，相关资料需要在第二天早上前提交对方公司。这样一个项目对于初创企业，还在成长中的心触动公司来说至关重要。于是他离开酒店后立马赶回公司，在深夜招呼团队一起到公司加班，彻夜未眠，终于在凌晨将所有资料传送到对方公司，最终获得了这个项目。没有一种成功是不需要坚定不移的信念和艰辛的付出，创业不是光有一个好的点子就可以躺着收获成果的，其中的酸甜苦辣外人看不到，只有身处其中才能切身体会，但这种辛苦付出回过头来却又是弥足珍贵值得回味的人生经历。当被问到描述创业过程中印象最深刻的一件事时，王绪松这样说：“其实没有特别印象深刻的事，因为每一天都有许多新的事情等着我去做，我每天都在为我喜欢的事业努力工作着。要说创业后最大的感受就是从此不分白天黑夜，很多时候我都不清楚现在是星期几的几点几分。”正是这种投入、乐观、勇于冒险让王绪松有了今天的成就。

创业后最大的感受就是从此不分白天黑夜，很多时候我都不清楚现在是星期几的几点几分。

从包容开放的光谷出发到智慧高校的领军企业

选择武汉光谷作为心触动创立的发源地，王绪松有着自己的考量。首先他认为在光谷创立公司的试错成本低，对于年轻的创客来说由于资金有限、风险承担能力还较弱，光谷的这一点优势无疑是十分吸引人的。其次光谷背靠许多高校，这为之后公司的人才输送，新鲜血液的注入提供了强大的后盾。再者就是光谷拥有政府的大力扶持，有许多政策红利，有利于企业抢占市场、发展壮大。种种的优惠条件使得武汉人王绪松决定在家乡创立自己的公司，并逐步以武汉为中心向全国扩张。“带传媒公司属性的科技公司”是王绪松对心触动的定位，“我们的目标是成为中国绿色高校、智慧高校的领军者”。

王绪松说：“一个企业首先要盈利才能得到发展，得到发展后要探寻如何做到持续地发展下去。”现在的心触动公司正在持续发展的道路上前进着，更辉煌的历史等着它去书写。

结语

创新者具有与生俱来的特质，他们敢于突破常规，放弃平稳与安逸，为了心中的热情奋不顾身地前进。

创业需要热爱，需要远见卓识，需要勇气。随着环境、潮流的改变，审时度势，不断创新变革，从而顺应变化，创造新时代。每一次创新的成功都不是偶然的，而是一点一滴的积累，一步一个脚印地迈进成就的必然。诚如王绪松所说，创新者具有与生俱来的特质，他们敢于突破常规，放弃平稳与安逸，为了心中的热情奋不顾身地前进。他们很明白自己真正想做什么事，真正在追求着什么，最后成为仅存的成功者。

斑马快跑：
网约车里的龙卷风

导语

创新的驱动力是新的洞见，即对人们行为背后深层原因的深入理解。

——马特•金登（Matt Kingdon）

斑马快跑，绝对能给人一种冲击力。访谈当天，到达斑马时正值天气最热时，背着书包，燥热难耐。还没出电梯口，就听到“斑马，斑马”的熟悉旋律，走出电梯，公司门口大屏幕上正放映着斑马快跑的宣传片，一匹斑马奔驰而过，工作人员也是身披黑白条纹的“马甲”，形同斑马，能产生强烈的视觉冲击，办公区很宽敞，有点艺术馆的味道，让人仿佛置身于一个野外的斑马王国。而这样的视觉和听觉的冲击效果，也正是斑马快跑想要带给用户的全新体验。

斑马快跑是连续创业者李佳（见照片）于2015年4月创办的创新、全场景网约车出行平台，经短短不到三年时间的积淀蜕变，斑马快跑已获得融资金额超过10亿元，估值超过50亿元。本文访谈对象为斑马快跑总裁助理周艳玲女士。

在网约车市场里巨头涌现，已经红海一片时，斑马快跑为什么要选择这个战场？他又是凭借什么能力迅速获取融资，成为一家“独角兽”？关于未来发展，斑马快跑又将如何谋篇布局，真正走出中国，成为世界的斑马？我想，独特的斑马，会有独特的回答。

“个斑马，快点跑撒！”

2016 年网约车新政出台后，斑马快跑拿下全国第六张网约车牌照，开始和滴滴、神州、首汽等巨头站在同一平台竞争，而这也是华中地区唯一一个获取网约车牌照的公司。斑马快跑在 2015 年成立，至今不过短短两年，却已经成为继斗鱼直播、卷皮网后，湖北第三家互联网“独角兽”企业，也是“2017 中国最具投资价值公司百强榜”企业之一。

斑马快跑的灵感，源自于武汉俚语：“个斑马，快点跑撒。”斑马快跑四个字也完美地展现了它自身的特点：斑马、快跑。在斑马快跑的商业模式里，最为醒目和核心的就是“斑马纹”，作为一种商业意识形态，这也是和其他商业模式最大的不同之处。品牌是一个企业想要做大做强的关键因素，在以往的经验中，品牌作为市场信任和个性标签的标识，其建立是靠长时间的口碑积累，而斑马快跑的做法则来得更加单刀直入。汽车是一种样式相对比较统一的产品，而斑马快车给每辆斑马车刷上斑马纹后，在来来往往的车流里就显得格外地与众不同，让人一看到就不禁会问：“这什么车，是谁的？为什么会有斑马纹？”这样的好奇心推动了流量从线下到线上的转换，当每一辆斑马车跑起来时，就是斑马快车本身的广告，让斑马车迅速被人记住和传播。之所以选择斑马纹，还出于人们对出行的底层需求：更快、更安全。斑马线就是安全线，而斑马纹作为一种保护色，本身带给人一种安全感，斑马的快速奔跑，正是快的体现。目前，斑马纹已经申请了专利保护，成为斑马快跑的独有标识。

以斑马纹作为打入人心影响心智的商业形态，再辅之以高品质的服务和出行的全套解决方案，斑马快跑获得了快速的发展，像龙卷风一样震动市场。从成立至今，斑马快跑已经获得 4 轮融资，最新一轮融资 6.5 亿元。获得资本青睐的同时，公司业务规模也在极速扩张。在 2016 年 6 月份获得牌照后，斑马快跑迅速覆盖 22 个省份和直辖市，分公司 200 家左右。同时，在 2016 年 10 月就开始领先布局国际市场，2017 年 5 月，斑马快跑在硅谷建立国际总部，与 18 个国家 100 多个城市密切合作，负责机场接机、包车和旅游用车等，让用户在国内和国外都能用斑马实现方便出行。

风格统一、视觉冲击强烈的斑马专车

生死门，转或不转

从成立到现在虽然只有短短两年，但对斑马快跑而言，却是一段不平凡的风雨路。之所以在网约车市场已经一片红海之时依然选择进入，其原因也正是扎根于历次的生死变革之中。

最初成立斑马快跑，是为了解决货运的供需匹配和标准化。在 2015 年，滴滴、UBER 等大平台已经在个人出行市场上占据高位，仅市场补贴，UBER 投入高达 12 亿美元，滴滴更豪气地投入 40 亿美元，面对这样的大鳄，斑马快跑决定选择货运，避免正面交锋。然而货运市场看着庞大诱人，实则多为险滩。市场上的货运车多是通过拆除座椅以客货混装的方式进行非法营运，导致商家和货主对“生车”十分抵触，市场本质上是一个熟人市场。加之货物、车型、载重、价格和支付方式都难以标准化，使得货运平台的建立很难实现规模化，因此货运的尝试以失败告终。很快，斑马快跑迅速转型，借着国家即将出台新能源汽车的补贴政策，计划做“中国新能源汽车第一运营平台”，与诸多厂家合作，打造绿色出行，到了 2016 年年底，新能源补贴政策却迟迟未出，是坚持还是转型，对于当时的斑马而言，又是一个生死的抉择。而此时，网约车新政出台，生死一线中，斑马快跑决定再次转型，抓住新政带来的机遇，进军网约车。

而前期的探索，也给了斑马快跑进军网约车的底气。货运市场和新能源汽车计划的实行，使得斑马快跑拥有大量汽车产商和运营商作为合作伙伴，可直接出产“斑马”。

车统一刷上斑马纹。因此，斑马快跑不同于滴滴打车，而是以 B2C 的模式切入市场，打造商用车、乘用车和巴士三种车型相结合的全方位出行模式。B2C 的模式，使得斑马车的服务质量变得可管理和可标准化。开发独立 APP 实现内部管理和外部运营的可控性，车内一切用品统一标准，司机也需经过专业培训。标准化带来的是规模化，各地加入斑马快跑的合伙人，都将获得全套方案标准经营，迅速扩张。三种车型的结合，则使流量可以实现互联，低频带动高频，多流量入口，实现全方位全场景地方便用户出行。

斑马纹 +B2C 模式 + 多种车型结合，成为斑马快跑占领网约车市场的独特剑法。

龙卷风，不破不立

斑马快跑的绝处逢生、一日千里，与背后创始人一次次的破釜沉舟密不可分。从美容行业起家后，创始人李总开始投入互联网行业，最开始的尝试是创办网络遗嘱网，其灵感源于一次飞机颠簸，在可能发生的生死之间，生命的偶然让李总想要有一个地方寄放自己的遗嘱，那么其他人是不是也会有这样的想法？可惜遗嘱网在国内的接受度不高，这次尝试后，李总创办了餐急送，和饿了么同时起步，后来由于融资问题，进而转战出行市场，有了现在的斑马快跑，这也将会是李总最后一次创业，真正地背水一战。

摧毁性、前瞻性、顺势而为，这是李总助理对李总个性的关键词总结。这样的个性，也深刻地影响团队的文化和做事风格。斑马快跑的快速成长，也是企业员工的快速成长。一起经历风雨的蜕变后，每个斑马人遇到问题时，一句："OK，没问题，我来搞定！"就是斑马文化的深刻

OK，没问题，我来搞定！

斑马快跑全员观影《战狼 2》

表现。

2017年，斑马将在全国市场开展“龙卷风行动”，在市场的基础建设上，打造标杆市场，形成龙卷风效应。不破不立，龙卷风式的摧毁重建，是斑马快跑的内在核心，也是每一个斑马人奔跑的姿态。

结语

创新的驱动力是新的洞见。

每一次斑马的奔跑，都是对斑马快跑价值理念的宣扬，都让人再一次想起关于斑马快跑的故事。

在《创新之力》中，马特·金登（Matt Kingdon）写到“创新的驱动力是新的洞见”，“洞见是通过碰撞而产生的激发性的观察”。对于斑马快跑而言，之所以能够在巨头称霸的网约车市场里获得自己的领地并快速发展，正是出于对用户心智的深刻洞察。斑马标识看似简单，却成为斑马快跑撬动市场的支点 。醒目的斑马纹让人过目不忘，只要一次见面，就让人记住还有一款车叫斑马车，还有一种选择，叫斑马出行，从用户的记忆和心智上，深深嵌入斑马的标识，成为活广告，每一次斑马的奔跑，都是对斑马快跑价值理念的宣扬，都让人再一次想起关于斑马快跑的故事。斑马快跑像一个穿着奇装异服的人出现在茫茫人海里，让人一眼记住，感到好奇想要接近，但如何给这个打扮特别的人赋予更为深刻的内涵，正是斑马快跑倾注无限创造力的关键。

朵儿网：创业，是创业者的必然

导语

生命中的挑战并不是要让你陷于停顿，而是要帮助你发现自我。

——约翰森•里根

衬衫配上金边眼镜，总给人一种严谨认真的庄重感，但第一次见到朵儿网总经理闻震，却完全是另外一种气质，也许是因为性格里天生的幽默个性，也许是因为步入不惑之年的从容，作为朵儿网的创始人，闻总让人觉得轻松自在。访谈是在烽火邮电的旧楼里，树荫浓密，会议室很宽敞，关于访谈的问题，闻总的回答很实在。我想，正是这样率性又实在的性格特质，让他成为体制里的另类，最后走出体制创办了朵儿网。

朵儿网脱胎于中国光通信的发源地——烽火科技集团，该集团是中国主要的信息通信领域产品和综合解决方案提供商，直属国务院国资委。以央企为底色的成长背景使得朵儿网与其他创业企业相比，呈现出不一样的发展特点，这样的成长基因蕴含了朵儿网日后将拥有的优势和需要面对的挑战。

曾经的背包创客，二十年后重踏征程

闻总是70后，相对于当下典型的创业青年，闻总算是老来创业。在这之前，闻总一直担任烽火科技的项目负责人。烽火科技是央企，1974年便已成立，在烽火，闻总度过了自己的大半生。到了不惑之年，做出创业的决定，在旁人看来是跨度很大的一次华丽转身，而对于闻总自己，这其实是一件很自然的事情。

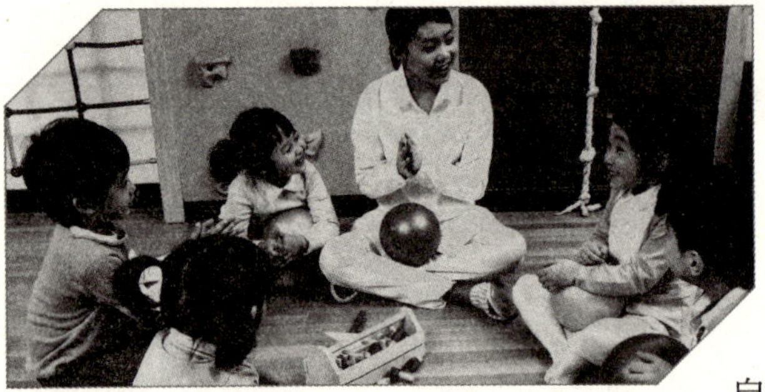

武汉朵儿信息技术有限责任公司是烽火科技集团武汉邮电科学研究院出资成立的一家国有控股高新技术企业，公司成立于2008年1月28日，公司开发的朵儿网是国内领先的幼儿素质教育专家，信息化幼儿园解决方案专家。本文的访谈对象是武汉朵儿信息技术有限责任公司总经理闻震。

闻总学自动化出身，研究生毕业后在设计院做设计师，闲来无事自己编写了一套软件，背起双肩包就开始自己跑市场签订单，从开发销售到签订售后，自己一个人就是一家公司。当时一心想从事互联网，但互联网正处于低谷期，后来对通信行业感兴趣，而烽火是武汉最好的通信企业，资深的央企，于是来烽火面试，开始了烽火邮电的工作生涯。从背包创客的四处奔波，到烽火里的安定生活，匆匆二十载，仿佛只是昨日，但当年青涩少年时的一些执念却始终都在，想要做一些不一样的、有意义的事情。到现在四十来岁，用闻总自己的话说："在我45岁以前，不做这样的事情，我觉得我会后悔一辈子。"所谓念念不忘，必有回响，在大众创业万众创新的背景下，国家又提出了国企所有制混改，正是创业的好时机，闻总于是开始了朵儿网的创业路程。

创业是一个大方向，具体要创什么业，是需要慎重选择的。而选择的依据，要么是向外看，判断市场需要什么，成功自然高兴，说明自己真的可以做成这件事情，失败了也没关系，因为这是自己想做的事情。

要么就是向里求，看看自己想做什么，手里有什么，能做什么。一般而言，创业者会根据自己手上的资源来和市场结合，这样做也是比较容易成功的方式。但是闻总最后选择的，却不是利用自己多年积攒的资源人脉，继续在通信行业里拓展，而是完全陌生的互联网 + 幼教领域。他对此解释说，人生的选择是一种内在气质的偏好，这样的选择很符合闻总的个性，不以资源为导向，而是以兴趣为导向。而且若是选择在原来的行业里继续深耕，很大程度上会变成一种重复劳动，违背创业的本意，而闻总本身对互联网一直很感兴趣，刚好又有了小孩，所以最后选择了互联网 + 幼教，这是闻总自己想要的。出来自己创业，自然比在体制内难得多累得多，但是还是会坚定不移地走下去。相对于青年创客的那股锐气和锋芒，闻总对创业多了一份平常心态。对创业，会执着到底，对结果，则是平常看待。成功自然高兴，说明自己真的可以做成这件事情；失败了也没关系，因为这是自己想做的事情。

谁能想到曾经那个一个背包就敢闯天下的年轻人，在历经“烽火”二十载后，又开始重新上路了。这或许是一种宿命，这一次，不再回头。

烽火下的朵儿网，独具的优势与挑战

烽火集团是中国光通信的发源地，是中国主要的信息通信领域产品和综合解决方案提供商，具有很强的技术积淀。朵儿网是闻总从烽火里带着团队一起创建的，现在烽火和朵儿网只是投资与被投资的关系。但不一样的出身，还是让朵儿网具有一些不一样的个性。

朵儿网从 2014 年成立至今，短短四年，在武汉幼教信息化市场上已经占领了 50% 以上的份额，在湖北省的市场份额是 20% 到 30%，目前业务已经覆盖十几个省份。

幼教信息化主要解决的是家园互动问题，提升幼儿园管理效率和家长的满意度，其中重要的一环为视频直播，让家长能够在线看到真实的课堂情况。朵儿网借助烽火的技术优势，在视频直播上能够使画质非常清晰，多人同时在线不卡顿，在直播画面的流畅度和清晰度上，可以说是国内做得最好的，目前这项技术其他企业还很难做到，是朵儿网的最大的竞争优势之一。而且借助烽火的品牌效应，朵儿网的技术优势变得更加可感。但幼教信息化与其他行业有一个很大不同，在于需要协调多方利益和诉求。在朵儿网发展中，也遇到了这样的问题，尤其是家长和老师之间的平衡。使用者是老师，服务对象是家长。虽然产品的目标也在于要减轻老师的工作量，但是一开始却是在增加工作量。本来孩子每天的餐饮内容只要写在黑板上，家长来了自然会看到，但是现在得每天在电脑上输入，还得排版，十分麻烦。类似这样的原本习以为常的工作流程，现在要在手机或电脑上再报备一次，使得老师工作量更多，不爱使用。此外，更尖锐的矛盾来自课堂直播，几乎没有老师愿意在上课的时候总有一个监视器在看着自己，但是家长愿意看。所以在那段时间，会发现监视器的损坏率很高，其实很多是人为原因造成的。而产品的主要内容提供者是老师，老师的使用决定了产品的生命力。那么，老师的诉求是什么？幼教老师的工资水平相对不算高，照顾孩子又是一件很辛苦的事情，所以他们需要的不仅是物质上的鼓励，还希望得到家长对他们工作的认同和肯定。所以后来课堂直播引入网红模式，家长可以点赞评论，老师的部分收入和家长的满意度直接挂钩，家长通过视频也更了解老师的工作，更肯定老师的价值。产品的设计上致力于让操作极简化，还是以每天公布的餐饮内容为例，现在不再是需要一条条输入，而是一键拍照上传，这样的做法，其实是朵儿网最先开始做的。产品在与老师的磨合中不断迭代，后台系统日益复杂，前端操作日益简单，只有产品能够真正减负，老师的使用才会主动提高。

凡事有利就有弊，烽火集团的背景，在给朵儿网带来技术优势和品牌效应的同时，也使得朵儿网的市场融资变得困难，这也束缚了朵儿网对外扩张的速度，如何扬长避短，是朵儿网需要认真思考和解决的问题。

朵儿网“为成长插上翅膀，为孩子放飞梦想”活动

《民促法》下新机遇，幼儿园安全严把控

2016 年《民促法》修订获得通过，这是教育行业的大事，将对整个教育行业生态起到洗牌作用。细分到幼教行业，最大的影响是普惠园政策的实施，政府将发挥更大的管理和监督作用。按照《民促法》，幼儿园可以自主选择办学方式：营利性或者普惠性。若是营利性民办园，则举办者办园收费实行市场调节价，具体标准由园所自主确定，可取得办学收益，办学结余依照公司法等有关法律法规进行分配。若是普惠性民办园，则收费的具体办法由省级人民政府根据办学成本以及本地公办教育保障程度、民办幼儿园发展情况等因素制定，举办者不取得办学收益，办学结余全部用于办学。这样一来，85% 的民办幼儿园将成为普惠性民办园，政府将对其进行统一管理和监督，政府将致力于提高当地的办学水平，一方面积极引入教育信息化等第三方企业以提高教育水平，另一方面对核心的

教育数据等安全性问题也会更加慎重。因此，一个片区的幼儿园将不会再出现各幼儿园分散使用不同教育信息化产品的现象，资本野蛮开拓市场的时期将结束，教育信息化是幼儿园教育未来发展的趋势，数据是核心，政府在幼儿园选择谁家的信息化产品上扮演重要作用，这是不能完全市场化的一环。

近期幼儿园安全事件频发，每一次的新闻曝光都让人触目惊心，幼儿园安全问题引起社会和国家的高度关注。2017 年 11 月 24 日，国务院教育督导委员会办公室印发紧急通知，强调“各地教育行政部门和幼儿园要进一步加强幼儿园风险管控，强化准入管理，强化技术手段监管，形成常态化监管工作机制”，要求“各地要建立幼儿园办园行为常态监测机制，及时了解幼儿园办园行为和基本运行情况，按要求报送相关数据信息”。朵儿网在直播技术优势背景下，已经实现了校内 24 小时的本地监控，包括厨房等重点区域，随时可查历史记录，直播视频对家长公开，减少侵害事件。孩子校车定位与出入园记录都实时推送给家长，用智慧方案解决校园安全问题。且以央企为背景的朵儿网，还具有极强的系统稳定性和很好的口碑，因此对于幼儿园的安全问题，无论是当下的监控制止，还是长远的数据安全，朵儿网都能够符合社会与政府的诉求，相对于其他民办企业，政府更愿意和朵儿网进行合作。因此在《民促法》的大背景下，朵儿网必须趁此机会，做大市场，规范市场。

朵儿网从烽火里诞生，独立于烽火又背靠于烽火，特殊的背景让朵儿网在武汉市场可以迅速地占据半壁江山，但同时也限制了朵儿网进一步扩张的步伐。如何从一家地域性企业，突破限制，走出武汉，走出湖北？一方面要抓住此次《民促法》带来的难得机遇，形成规范市场安全校园的标杆；另一方面也需要朵儿网继续调整自己的位置和战略，扬长避短，趁着幼教行业的利好东风，走向更远的未来。

结语

乔布斯说："我想在宇宙间留一点响声。"我想，这也是每一个创业者的心声。无论所做的事业大小，创业者之所以创业，更本质的追求是想要发出自己的声音，证明自己来过，存在过。用创业的方式，作为探索生命的途径，赋予生命以更加独特的意义。在《第四次浪潮：创业者是新阶层》一书中说道："正是从'心'开始的创业，让第四次浪潮中的创业人群'乱花渐欲迷人眼'。"对于从"心"开始的创业，不同的创业者由于自身生命体验不同自然会有不同的解读，但无论创业结果是成是败，就如闻总所说，都应该觉得开心，因为创业不仅是要创造一份事业，更是创造一份生命体验，是给自己人生更多的可能，是对自己真正的爱。

用创业的方式，作为探索生命的途径，赋予生命以更加独特的意义。

创业不仅是要创造一份事业，更是创造一份生命体验，是给自己人生更多的可能，是对自己真正的爱。

秀宝软件：
迈向必然而然的自由

导语

今天确实是一片广袤的处女地。我们都正在“形成”。

——凯文·凯利

创业者的开始，源于各自不同的理由，但创业者的归途，都是走向自由。

子曰：“吾，十有五而志于学，三十而立，四十而不惑，五十而知天命，六十而耳顺，七十而从心所欲，不逾矩。”这是孔子对人生状态的描述，“从心所欲”是一种自由，“不逾矩”是一种自律，这是一种真正的自由状态，是个人在明白了自我与外界关系后的豁达。而对于创业者而言，这样的自由态，来得更早。创业者的开始，源于各自不同的理由，但创业者的归途，都是走向自由。面对竞争更加激烈的环境，不断逼迫自己前行，也因此更早地磨砺出自己的原则，明白什么是“矩”，什么是“欲”。“我希望自己在 45 岁时，能够达到‘从心所欲不逾矩’的状态。”这是在访谈中，秀宝软件总经理胡德志给我留下的印象最深的一句话。

创办秀宝软件之前，胡总曾任职苹果产品经理多年。2014 年，胡总离开他工作打拼多年的魔都上海，回到家乡进行二次创业，创办了秀宝软件。目前，秀宝软件已成为国内做 AR 玩具规模最大的企业。无论对于国内市场还是全球市场，AR 与玩具的结合都是一个新兴的产业，那么，是什么契机让秀宝软件率先走上这条路，而这条路又将延向何方？

武汉秀宝软件有限公司成立于 2014 年，创始人胡德志，目前是华中地区比较大的 AR 解决方案服务商。总部位于武汉，在上海、深圳等地设有分支机构。本文访谈秀宝软件的创始人兼董事长胡德志（照片前左一），访谈期间胡总的乐观与坚定，完美诠释了公司的文化“没有什么不可以”。

创业，是被迫更是选择

为什么会创业？这要从房贷说起。2002 年毕业后，胡总在上海做了一名工程师，工作稳定，一切都还不错。到了 2006 年，买了房开始还房贷，生活压力的增大不免对自己的生活开始有了更多的思考，是继续按部就班地上班，靠工资慢慢偿还贷款，还是说，自己其实还可以有不同的人生选择？上班，是一条一眼可以望到头的路，很安

上班，是一条一眼可以望到头的路，很安稳但没有变化；创业，是一条望不到尽头的路，有风险但也有机会。

稳但没有变化；创业，是一条望不到尽头的路，有风险但也有机会。很难说怎样的选择才是更好的，只是对于每一个年轻人，尤其当面临生活更大的压力和挑战时，都会遇到这样的思考。而最后做出什么样的决定，其实，在每个人的性格里就早已注定，它在等待一个契机激活。

在国内，“做生意能赚钱”这一观念被普遍认可其实是相对较晚的事情，士农工商的社会阶层意识虽然早被打破，但阴影残留，直到现在，逻辑思维的罗振宇还在大声疾呼，合理合法做生意赚钱，是最体面的事情。由此可见从商的社会声誉和商人的社会地位一直都不高。所以当胡总提出自己打算辞职开家淘宝店的时候，家里人并不看好，母亲自己做生意出身，对这件事情的态度是：“做生意是有风险的，你自己评估，但做生意确实是赚钱的。”前半句是提醒，后半句算是一种鼓励。2009 年，胡总正式辞职，开始经商，从一家淘宝店做起。很快发展到员工上百人，但是规模很难再扩大了。作为一家电商，向上对供应商的议价能力较弱，向下又很难沉淀客户，作为中间这一环，利润空间并不大。到了这个阶段，养家糊口不成问题，但是想要做得更大可能性也很小。电商的利润公式是：流量 × 转化率 × 单笔交易利润，只需要去强化这三个部分，本质上有点像是流水线作业，而且在天猫、京东这些平台里，一些外部风险已经被屏蔽。这个时候，日子似乎又过回了上班时候的样子，每天都知道明天要做什么，这样的安稳状态让人不禁又开始反思，同样的思考再一次在心里盘问——我到底要做什么。这个时候，其实正是转型的关键时候。因此，到了 2014 年，胡总回到武汉，创办秀宝软件。

如果说第一次选择创业是出于生活的压力所迫，那么第二次更多的出于骨子里的一种不安分。之所以选择创业，是想要回答心里一次又一次的质问：我到底要做什么？对于胡总而言，想要的做的事情，就是那些自己难以掌控难以预知的事情，因为，他不断地想知道，自己到底能做到什么程度。创业家精神也正是在这样对自己的探索和挑战中形成。因此，对于胡总而言，创业，其实是一种选择，生活方式的选择，人生的选择，“我要成为什么样的人”的选择。

创业，其实是一种选择，生活方式的选择，人生的选择，“我要成为什么样的人”的选择。

AR，是契机更是必然

把 AR 和玩具结合，是在国内 AR 技术兴起的背景下赶上的契机。AR 具有代入感和游戏性，和玩具能够天然结合，而胡总之前的淘宝店，就是卖玩具的。在淘宝店需要转型之际，AR 技术带来了转型的切入口，玩具作为传统产业，和 AR 技术结合，将实现产业升级，创造出极高的附加价值。而且全球 90% 以上的玩具产自中国，做好国内市场，某种意义就是拿下全球市场。胡总看到了这个机会，回到武汉创办秀宝，开始进行 AR+ 玩具的研发设计。

一款玩具，不仅仅是一个塑料模型这么简单，它是一个故事的载体，它需要和内容结合才能真正地实现价值。这个内容可以是一个 IP，创造一个完整的故事让孩子沉浸其中；也可以是教育内容的游戏化植入，例如乐高，让孩子在玩的同时学会知识，锻炼能力。而 AR 和玩具的结合，是在内容的基础上进一步延展，加强玩具的游戏性和代入感。而如何去组合 AR 与玩具，如何挖掘其中的需求点，这就是秀宝软件解决的核心问题。目前市场上，做 AR+ 玩具的并不多，秀宝软件是这个垂直领域的领头羊，如何培育市场，让客户接受，就成为公司发展的难点和重点。对于像玩具这样的消费类产品，提供更好的服务是决胜的关键，要求企业具有工匠精神，这是秀宝软件坚持的，并且会一直脚踏实地做下去。

秀宝软件内部期刊的封面照

“AR+ 玩具，我们不做，别人迟早也会做，这是技术革新必然带来的产业升级。”在胡总看来，玩具的升级是必然的，只是最终由谁来做，做得怎么样。现在，秀宝软件早已走在行业前列，但也面临困难和挑战。身处中华腹地的武汉，融资难成为企业遇到的普遍问题，秀宝也不例外。新兴市场的培育需要借助资本的力量进行大刀阔斧的开拓，玩具的升级才刚刚开始，未来走向何方也需要资本与技术的结合进行探索，秀宝如何获取更多的资本力量，将是下一步发展的重要考量。

变革，是自破更是外攻

能革自己的命的只有圣人，而我，是把自己放在火架上烤，逼着自己前行。

对事情的真正体验，只有去做了才知道。当创立了自己的企业后，对企业家需要有如何的担当，会自然有了更深刻的体会。“做企业之前没有那么深的理解，做了之后自己自然而然就会产生一种社会责任，这是不由你去想的，是一件必然的事情。”对于胡总而言，最大的社会责任是让传统产业实现升级，这样的升级很难由传统行业自己完成，因为自己是革不了自己的命的，“能革自己的命的只有圣人，而我，是把自己放在火架上烤，逼着自己前行”。

传统产业要升级，难度并不在于技术或者资金，而是需要有人愿意为产业的革新做出贡献，并且有能力承担起产业的革新。“这个人一定是一个无边界的人”，只有这样的人才能够产生创造性的事物，而这也是互联网的核心所在。但传统行业自己本身则很难出现这样的人，在一个行业做得越久，越是精深但也越是受限，因此需要外界力量的介入来掀起一场革命，这样的人，思想解放，愿意尝试。秀宝能不能承担起这样的角色，不好评说，但 AR+ 玩具，开启了玩具产业升级的起点，而秀宝也会在这条路坚定地走下去。

玩具是孩子成长的伙伴，是每一个孩子的童年记忆和启蒙老师，未来两年，秀宝软件计划将业务扩展至儿童出版行业，在儿童教育领域，努力创造更大的价值。

结语

在访谈过程中，除了聊企业的发展历程，胡总也谈起自己一路走来的心路变化。从孔子对生命自由状态的理解，到康德的“我是自己的帝王”，不断形成的不仅是企业本身，也是关于自我的认知，而每一次认知的突破，就是另一个自我的形成。胡总说：“做企业之前没有那么深的理解，做了之后自己自然而然就会产生一种社会责任，这是种由不得你就要去想的，是一件必然的事情。”我想，这可能是每一个创业者都会拥有的体会，我们只有在真正做出选择后，才能明白它真正意味着什么。你选择了创业，也是创业选择了你，这是一条望不到尽头的路，路上的一切也都正在形成。或许，我们也可以从这样微观的角度来理解《必然》里所说的：“这些力量并非命运，而是轨迹。它们提供的并不是我们将去往何方的预测。它们只是告诉我们，在不远的将来，我们会向哪些方向前行，必然而然。”

做企业之前没有那么深的理解，做了之后自己自然而然就会产生一种社会责任，这是种由不得你就要去想的，是一件必然的事情。

这些力量并非命运，而是轨迹。它们提供的并不是我们将去往何方的预测。它们只是告诉我们，在不远的将来，我们会向哪些方向前行，必然而然。

百纳信息：
海纳百川，做海外市场的开拓者

导读

不做荒漠中的一颗独苗，而做森林中的一棵参天大树。

——百纳信息

从一次餐厅点餐的偶然经历受到启发，百纳信息的创始人之一杨永智带领团队打造出安卓市场第一个支持手势操作的浏览器——海豚，从而使百纳信息在海外市场一炮走红。从未特意做任何宣传推广的创业团队，在武汉一处

百纳(武汉)信息技术有限公司成立于2010年7月，目前是湖北省唯一从事移动互联网平台级产品开发的公司，在美国硅谷、日本东京以及国内的北京、成都等地均设有分公司。照片是百纳信息的创始人杨勇智（右）和刘铁锋（左）。本文受访者为百纳信息创始人之一兼副总裁李玮先生

不大的办公室内，却收到了来自美国等多个国家地区的合作邀请。而这，只是百纳信息步入移动互联网行业快车道的开端。

墙内开花，墙外绽放——搭上行业发展的快车道

作为一家从海外市场发家的互联网企业，百纳信息早期开发的海豚浏览器在欧美、日本、韩国等世界 130 多个国家和地区曾拥有 2 亿用户。这一业绩的取得与当时的市场状况密不可分。Google 在 2009 年推出了安卓系统，百纳信息的创始团队认为既然 Google 愿意花时间做开源的操作平台，那么对于第三方独立的开发者，这是一个难得的撬动市场契机。当 2009 年 Gardner 预测在未来的一年中有 800 万台安卓的设备会出货的时候，创始团队目标更加明确，决定做安卓的第三方开发者；到了 2010 年，Google 推出第一款安卓手机 G1，放眼全球只有美国市场有安卓的用户，所以百纳信息初期的市场就从美国开始做起。

在当时有大把赚钱机会的互联网新兴时代，百纳信息的创始团队发现 Google 自带的浏览器只提供了一个上网功能，用户体验有很多提升空间，便决心带给消费者一款上网体验更好的浏览器。“在那时，大家都不知道 dolphin browser 这款产品是中国团队做的，都以为是硅谷做的，没想到中国有团队这么早介入这个事儿”，dolphin 浏览器以其创新手势操作、全面 HTML5 支持等获得用户的青睐，并且团队在发行后通过 email 的方式认真倾听用户反馈，不断对产品迭代升级。

正如《技术的本质》一书所说，创新存在于新的解决方案转化为标准工程的过程中，其间包含着许许多多微小

创新存在于新的解决方案转化为标准工程的过程中，其间包含着许许多多微小的进步和修正，它们积累在一起共同推动着实践前进。

需求是靠产品创造的，而不是靠营销创造的。

的进步和修正，它们积累在一起共同推动着实践前进。百纳信息的早期发展历程正是这段话的缩影。加之最早期的用户都是硅谷对科技很敏感的从业者，属于“高净值用户”，需求是靠产品创造的，而不是靠营销创造的。高端用户会带来持续性技术的进步，但世界上并不只有高端用户，还有低端用户，低端用户人群蕴含着巨大的机会。随着 dolphin 浏览器在这一核心圈子建立口碑，其用户量逐渐向外扩大，这款更简单、更方便的个性化浏览器受到消费者的欢迎，百纳信息的品牌也建立起来。就这样带着在美国市场成长起来的“光环”，百纳信息也顺利地进入了日本、韩国市场。凭借过硬的技术本领，2011 年 7 月 19 日，百纳以优厚的条件获得红杉资本、经纬创投 A 轮千万美元的风险投资。

不能否认，整个团队的发展过程也赶上了移动互联网的红利期。在互联网时代，浏览器已是炙手可热的“明星”，而从互联网向移动互联网过渡的时期，浏览器更是一个赚钱的“香饽饽”，因此有大量的商家涌入，市场竞争激烈。但业内人士都清楚，中国市场和中国以外的市场是两个完全不同的市场，百纳信息当时在美、日、韩等发达国家都拥有不错的口碑，但当其产品进入国内市场的时候，却没有预想中的顺利，原因在于当时的中国流量价格比较高，与之相比美国市场则很便宜；加之当时的市场监管不力，处于相对无序的状态，国内的消费者在鱼龙混杂的市场中也难以明辨优劣，做着被动的选择。在多种因素综合作用下，百纳信息决定将重心放在海外市场，并取得了长足的发展。时至今日，浏览器早已不是百纳信息的主要产品。上百个项目同时运作是百纳信息的常态，创始团队也不断根据市场导向和消费者偏好作出适应性调整，继续加大开拓国际市场的力度。

犯其至难，图其至远——技术极客的创业故事

百纳团队的骨干大多毕业于华中科技大学（华科），创始人之一李玮本是学机械出身，却着迷于计算机，从大学起就开始与高两届的师兄（百纳信息的 CEO）一起开始“玩技术”，在以培养工程师为主要风气的机械专业也可称得上“异类”。读书期间百纳创始人就带领团队参加过多次微软的全球创新杯比赛并获得过一等奖。

华科是创业氛围浓厚的理工院校，联创团队（社团）作为学校创新创业的集结地，也成为百纳信息几位创始人创业成长的摇篮，“那时候机械学院的门户网站也都是我们在做，”李玮回忆说，“学校的老师也比较开放”。后来受杨致远以及“雅虎”成功上市的影响，“不安于平静，想折腾点事儿”的他们很快意识到可以通过技术实现价值，开始在联创团队带着一百多人搞技术，也一直梦想有一天能透过技术改变整个市场乃至用户的使用习惯和消费体验，而不是迎合市场的需求一味跟风调整。他坦诚这也是很多极客（Geek）的“技术情结”，大家都自发地对技术突破或创新有一种向往，渴望改变这个世界，尽管这也在一定程度上错失了一些商业机遇。

也正是对互联网行业不断的探索，使百纳信息自成立以来抓住了每一个风口。创始团队在创业之初曾一口气做了近 200 款 APP，其中的明星产品“海豚浏览器”，用户量达 2 亿之多；虽然有些应用随着市场的更迭已无迹可循，但这些产品的研发为日后源源不断的创新提供了动力源泉，错误本身并不会打开相邻可能空间，但却会迫使百纳信息的研发者们去寻找它。留下出错的余地同样重要，有益的错误有助于创新环境的发展。作为被技术浸染已久的 Geek，他们深知，技术不是一朝一夕的事，那些团队

共同并肩作战、攻克技术难关的日日夜夜，早已成为百纳创始人记忆深处最闪亮的回忆。

2016 年百纳（武汉）全员参加“爱生活，爱健康”的团队活动。

海纳百川，兼济天下——互联网界的“黄埔军校”

“人”是互联网公司最重要的元素，有人才有未来，百纳信息号称武汉地区移动互联网行业的“黄埔军校”，绝非空穴来风。百纳不仅自身实力过硬，还给予实习生最好的机会，全方位锻炼他们的能力，为互联网行业输出大量可以独当一面的优秀人才。从百纳信息走出去的 team leader，日后成为光谷又一独角兽企业斗鱼 TV 的中流砥柱。在促进武汉成为创新创业基地的过程中，百纳信息也充分发挥了武汉“元老级”移动互联网企业的角色，起到了举足轻重的作用。

“在很多事情上，我们都是站在政府的角度去考虑问题，为政府出谋划策”，正是因为意识到人才在互联网领域的决定性作用，同时考虑到武汉作为中部核心城市的区位优势——智力资源充足、生活成本低廉、尚未到爆发式增长的节点，百纳团队坦言对于武汉政府出台的优秀人才引进的政策“非常欢迎”。一有机会，百纳的几位创始人也经常和政府部门的有关领导深入交流，积极为地区发展建言献策。早在2013年，百纳就主办过多场互联网创业论坛等活动，也曾经在大年初四就集结在办公室草拟报告，为政府出谋划策，以吸引北上广深的行业翘楚来到武汉，为武汉乃至湖北注入新的活力，带来发展机遇。

李玮觉得，整个移动互联网行业正进入快速发展期，作为一个早期的开拓者，百纳的经历不算少，足以为后来者借鉴，“以后的创业者起点会更高，平台也会更好，政府的扶持力度也会更大，这是一个好的时代”。武汉虽然是一个有着本位主义思想的地方，但光谷作为新的创新园区，更像一座移民城市。如何从制度上保障科技人员进入企业后的收益，并从制度上引导企业家积极投身到生产性和创新活动中去，是百纳的几位创始人近些年时常思考的议题。“这儿的政商环境很好，政府是一种服务的心态，愿意倾听企业家的意见，尊重企业家，宽容失败”，提及光谷的创新环境，李玮不无感慨地说道。企业是创新的主体已成为共识，政商环境究其根本还是落到一个“政”字，环境好了，企业家才能如鱼得水，一心一意谋求发展。百纳团队也坦承，他们认同光谷的环境，如果发展快一点会更好、步子迈大一点会更好。他们最希望看到的，是一个百花齐放百家争鸣的“竞合”局面。

政商环境究其根本还是落到一个“政”字，环境好了，企业家才能如鱼得水，一心一意谋求发展。

结语

百纳团队的创始人都是土生土长的武汉人，深嵌着“敢为人先、追求卓越”的武汉精神烙印，同时，能吃苦、肯奋斗的品格也深刻地影响着创始人和整个团队。“经常有人主动要求加班”，李玮笑着说。一个研发公司能做到百纳信息的规模，在国内并不多见，正是凭借对技术深刻的理解和极高的敏锐度，让百纳信息在移动互联网时代独占鳌头。

转眼间，又到了人工智能的风口，百纳信息会交出怎样一份答卷呢？让我们拭目以待。

改图网：
从一张名片出发，升级传统印刷业

导读

我没有失败过……我只是发现了一万种不管用的方法而已。

——托马斯•爱迪生

路漫漫其修远兮，选择更远的远方就会有更曲折的故事。

当自拍成为潮流，美图成为基本需求后，美图秀秀获得巨大成功，几乎成为一款人尽皆知的产品。而当年与美图秀秀同时并起的，是改图网。二者都是致力于图片编辑，最终走向了两条完全不一样的道路。美图秀秀乘着移动互联网的东风，转型移动端；改图网则转而深入传统印刷业，致力于互联网 + 印刷式的产业升级与改造。借助互联网的力量对传统行业的升级和颠覆，一直是众多创业者致力于挑战的领域，也一直是一个难以攻克的难题。路漫漫其修远兮，选择更远的远方就会有更曲折的故事。改图网从图片到印刷，是在实践着一步一步走出来的路。

成功，是顺势的努力

改图网在 2008 年建成，开始之初，所做的事情就是“改图”，在图片上附加其他效果或进行编辑，在当时开始很流行，所以改图网获得了很高的流量，每天有 100 多万的 PV（页面浏览量，Page View），十几万的 UV（独立访客，Unique Visitor），获得许多媒体推荐，成为图片 PS 领域里的知名网站，另一个知名网站是美图秀秀。很快，移动互联网开始兴起，美图秀秀迅速抓住移动端，开始转型，而改图网虽然拥有很大的用户基数，但因为身处武汉，融资能力不足，相关人才欠缺，最后没能顺利转型，错失良机。而即使在当时流量很高的时候，改图网其实并不盈利，在错失移动互联网机遇后，改图网想要活下去，就必须要考虑如何给自己供血。既然是做图片，在深思熟虑后，改图网计划开始做名片设计，与商务相关，可以直接切入企业，于是，在 2010 年年底，改图网开始转型。

改图网创始人陈涛

2011 年的春节后，开始有很多人用改图网的名片编辑器进行名片设计。通常设计完名片，一些用户会有印刷的需求，于是创始人陈涛紧接着研究了印刷产业。印刷作为传统行业，体量很大，或许是一个方向。于是改图网开始为用户提供简便的设计功能、印刷服务以及配送。为了提高改图网的知名度，2011 年陈涛带领团队赴美参加了 2011 英特尔全球技术创业挑战赛，以名片设计 + 印刷为基础的商业模式获得极大认可，最后荣获冠军。并且发现，原来 2007 年在美国，一家名叫 VistaPrint 的公司，以名片设计 + 印刷的模式已经成功在纳斯达克上市。有了标杆企业，又有荣获全球第一的认可，改图网调整方向，从移动互联网方向转型，开始向印刷行业进行更加深入的探索。

然而，当时国内的形势其实已经发生了很大的变化，那些让 VistaPrint 成功的基本要素在中国已经发生改变。VistaPrint 是在 1995 年成立的，当时互联网获取流量的成本很低，而到了 2011 年，获取流量的成本已经开始变贵，大部分流量还被淘宝店瓜分，加之移动互联网的兴起，更是让流量成本大幅上升。而且美国人工成本高，用软件进行名片的免费编辑，可以降低人工费用，但在中国，人口红利还在，软件编辑并不构成一个明显的优势。商业环境的不同，导致改图网以名片设计印刷一体化的尝试没能获得预想的结果。但是在印刷领域里的实践积累并不白费，多年的探索，让改图网越来越看清升级传统行业的机会所在。

定位，是认知的验证

名片设计印刷一体化的模式虽然步履维艰，但它验证了设计印刷去中介化的假设是错误的。以免费名片设计引流，延展至企业 logo、海报等产品的设计和印刷一体化，让用户直接和印刷厂对接，不再需要到线下的广告图文印刷店，实现印刷行业的去中介化，这是改图网在 2015 年之前致力实现的目标。但印刷的垂直电商和标准化的垂直电商不同，客户购买的每一件产品都是独立的，需要定制化的设计，属于典型的定制化生产，需要很好的线下服务。因此，到目前，标准化产品的电算化率可以达到 14% ～ 20%，但是印刷产品的电算化率还不足 1%，大量的需求还是在线下被满足的。与此同时，线下门店和印刷厂都有提高自身效率的强烈愿望，需要进行信息化、自动化的变革。

所以，在 2015 年，改图网进行了重大战略的升级转型，重新定义愿景：实现高效智能化设计及无人化印前处理，促进印刷图文定制产业交易高效撮合与流转，成为行业数据中枢。

首先是解决行业设计问题。改图网此前在做的一直就是设计，电商平台上已经积聚了 3 万多名的设计师，设计问题一部分由软件算法实现，更加复杂的由平台的设计师实现，二者相互补充。其次是印前处理的无人化。当文件汇集到印刷厂后，需要印前处理部门进行处理后才能印刷。印前处理作为简单的重复劳动，通过提供软件算法的支持，就能实现 70% 以上的无人化处理。在做电商平台时，改图网作为印刷厂的上游，和印刷厂早有合作，在业内积攒了口碑。因此，在 2016 年 3 月份推出针对印刷厂的 SAS 系统时，就有了一批天使用户。印刷厂的 SAS 系统实现了云端的印前处理，门店用户将文件提交至系统中心，由系统处理分配，这样，通过印刷厂的 SAS 系统，直接就能连接到门店，因此，在 2016 年 12 月，改图网又推出了针对门店管理的 SAS 系统，打通门店这一环，为门店解决设计、供应链以及交易系统化问题。门店只要做好线下服务，实现门店 – 中心 – 印刷厂的三位一体，就能实现交易的撮合和流转，形成全产业链的电商生态。

改图网的商业模式

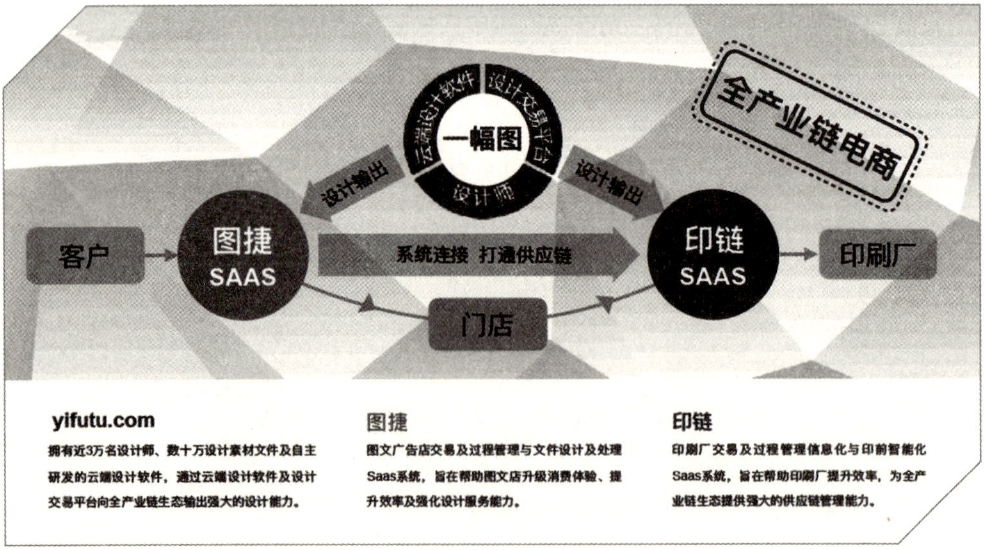

阿里巴巴的CSO曾鸣在《智能商业二十讲》里提出“S2B”，大的供应链平台为中小企业赋能，未来改图网要做的就是这样的事情。

从设计印刷的单点突破到打通工厂和门店的全产业链升级，改图网的加法并非一蹴而就，是基于在印刷领域里的深入实践摸索而走出的路，传统行业的升级和转型，是机遇也是挑战。

创业，是不变的初心

为什么选择创业，每个人都会有自己的答案，是偶然的机会还是自己的选择，走上创业就是射出去的箭，不会再回头。而对于创始人陈涛，这样的选择就像是一种必然，它自然地发生，并且一定发生。

走上创业就是射出去的箭，不会再回头。

在高中时，陈涛就明确了自己长大后要创业。在看了很多企业家传记后，深受鼓舞，立志长大后要创办一家太阳能公司，这个梦想在当时几乎全班同学都知道。后来由于高考发挥不好，到了武汉理工大学学习材料专业，而当时的材料专业主要研究水泥、玻璃和陶瓷等传统材料，与太阳能毫无关联，只好放弃技术路线，参加学生会培养软实力。毕业时正逢武汉理工大学三校合并，作为三校合并的学生会主席是有机会留校从政的，这样的道路和创业完全不同，而创业是陈涛一直以来的人生期许，所以并未接受留校机会，而是毕业后直接选择了从销售做起。在第二年提前半年完成公司销售业绩后，陈涛开始和朋友创办电商网站，为大学生提供买卖生活用品的平台。一年后，转向短信增值服务，搭建短信群发平台，在武汉，一度成为最大的短信平台公司，获得很大的收益。但是当下的盈利不代表长期的未来，短信没有未来，必须趁短信的盈利培养下一个产业。而此时，其中一个合伙人正好做了一个可以编辑图片的网站，很受欢迎，于是趁热追击，2009 年成立改图网，开始有了后来的故事。

陈涛就像是一个天生的创客，创业是一个必然的选择。这样的必然，在性格里形成一种“明确”的色彩，明确地知道自己想要什么，明确地知道自己该如何选择，也使得改图网在每一次的转型中，能够迅速落地。这样的明确，是一种深刻的自信。

结语

创业就是进行一连串的实验，只是这个实验室就是世界本身。

创业的根本目的，就是要获得经过验证的认知。

从电商平台到图片编辑器，从图片编辑器到传统印刷业，陈涛的创业之路显得曲折变化。在局外人看来，似乎每一次的决策都夹杂着过多的偶然，但对于陈涛自己而言，每一步的决策其实都是当下明确的选择。创业之路本来就是探索之路，换个角度来说，创业就是进行一连串的实验，只是这个实验室就是世界本身。在《创新者的基因》里，实验和发问、观察、交际一起构成联系性思维的四项行为技能，一起促成创新想法的产生，并且，“实验是最能够区分创新者和非创新者”的一项技能。《精益创业》则更加彻底地从实验的视角对创业行为进行解剖，“实验是精益创业方法的核心”，创业的根本目的，就是要获得经过验证的认知。作为实验，结果本就不可预知，这也注定创业行为的不确定性，它不可能是像发火箭一样有既定的轨道，只能在每一步的验证中逐步调整。从这样的角度来看，改图网一路走来的坚持或者转型，也正是基于每一次实践结果的调整，新的愿景就是一次新的假设，是又一次实验的开端。我们无法预测改图网最终能给传统印刷业带来怎样的革新，但是我们可以肯定，这次实验，将带给我们更为深刻和宝贵的认知。

海达数云：

企业也做“断舍离”，用心培养“专注力”

导语

君子弃瑕以拔才，壮士断腕以全质。

——唐·窦皋《述书赋下》

当你处于完全的黑暗之中，你还能看见周围吗？武汉海达数云技术有限公司（以下简称海达数云）的主营业务就是借助三维激光技术让人们拥有“神之眼”。三维激光测量技术与其他成像技术的区别在于精细度远高于其他：三维激光通过每秒发射 50 万点激光脉冲，360° 旋转一周，便可知方圆 1 公里半径内一棵树的形状。这种技术与导航系统的有效结合让更多生活中的“路痴”成为不需要认路的导航大师；或是不用破坏文物，就可以扫描出文物内部全像，为数字文化遗产提供更科学、现代化的保护或是挖掘方案。

海达数云是打破了国外技术封锁的三维激光实景技术的国内原创型企业，其母公司广州中海达卫星导航技术股份有限公司（简称中海达）为其提供了丰富的科技型人才与雄厚的资金支持。

海达数云是中海达控股子公司，在 2012 年中海达为一支有理想的技术型人才团队提供了充裕的启动资金，并且鼓励他们不断创新，坚持自己热爱的三维测绘行业。五年过去了，这支团队做到了业内最好，并且获得了一系列荣誉。

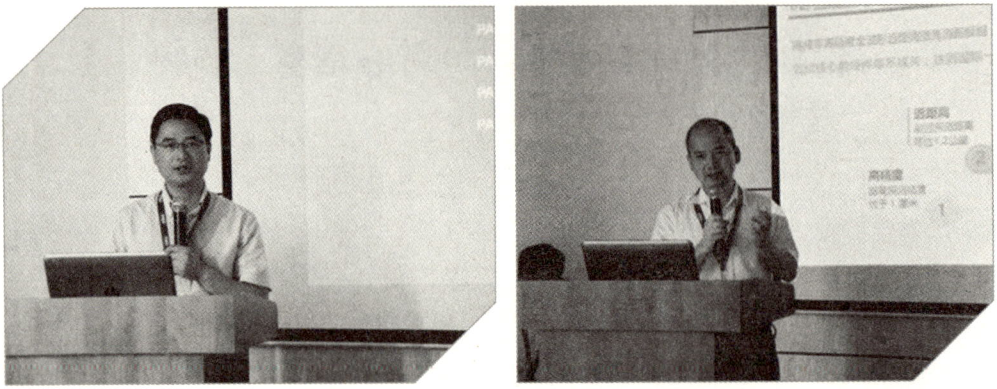

武汉海达数云技术有限公司（简称海达数云）是广州中海达卫星导航技术股份有限公司（简称中海达，股票代码 300177）控股子公司，公司成立于 2012 年，致力于高精度三维激光测量系列产品开发、应用服务与产业化，是国内领先的三维激光测量产品制造商。图为海达数云总经理陈海佳（左）以及常务副总经理刘守军（右）在 2017 半年度总结计划会议上作工做报告。本文受访者为海达数云常务副总经理刘守军。

专注力，创新的基础

海达数云坐落在杨桥湖研创中心，这里不像是平常的厂房朴实突兀，而是像简洁风格的别墅群。在这里办公不仅能放松身心，还能激发灵感与创意。一见到刘总，就感受到满满的真诚与务实，衣着朴素的他与我们经过简单寒暄后便开始了正式的访谈。在刘总的叙述中，海达数云创业的五年可以分为值得书写的三个阶段。

第一个阶段从 2012 年成立到 2013 年年底，在成立一整年的时间里，海达数云做了两件事：第一件是以做项目的形式出售三维激光测绘服务，参与数字文化遗产的保护与修缮工作。由于数字文化遗产保护行业还属于蓝海，这一年中海达数云营收表现良好，很快从一支十人左右的初创团队成长为三十余人的专业化团体。第二件是为企业转型做准备，项目化的营收虽然也能满足企业的发展需要，但终非长久之计，如果在核心技术上没有突破，那做再多的项目也只是不断地原地踏步。

第二个阶段从 2014 年年初到 2015 年年底，这两年时间海达数云一直专注于核心技术的研发，加上成立之初的一整年，三年的时间里海达数云仅技术研发投入就已超过 8000 万元。研发团队中不仅有企业应用型研发人才，也有重量级学院教授加盟。在多重保障下，海达数云率先掌握了核心技术——全波形激光雷达技术。当时同期研究相似全波形激光雷达的关键核心技术的团队也有两三家，但是时至今日，完全掌握核心技术、打破长期由国外技术垄断局面的企业寥寥可数。

第三阶段是 2015 年至今，这期间海达数云稳健发展，逐渐成为国内最具规模的三维激光测量产品制造商。基于测绘技术的软硬件产品也已经开发成熟，目前正在逐步推广到市场。

回顾海达数云的创业历程，2015 年年底成功突破技术难关是一个里程碑式的时刻。技术的突破不仅仅要归功于雄厚的资本支持、高端研发人才、精良的实验条件，还与企业坚持容错密切相关。“屡败屡战”说起来轻松，但是真正实践起来则需要包容的心态、坚持的作风以及专注的研究态度，这种容错的文化并不容易复制。

在三维测绘道路上不断前行的海达数云，凭借着三维激光等业务在 2015 年德勤高科技高成长中国 50 强评选中荣登榜首。荣誉是对研发团队最好的回馈，是给海达数云创始团队容错心态最佳的奖励，更是“专注造就成功”这句话的最好见证。

荣誉是对研发团队最好的回馈，是给海达数云创始团队容错心态最佳的奖励，更是“专注造就成功”这句话的最好见证。

决断力，发展的基石

海达数云在发展过程中曾经历过多次结构重组，比如将数字文化遗产项目组分离。海达数云通过持股的方式将两家公司分割，目前两家公司的年营收均在千万元级以上。

在访谈过程中我们曾经问刘总，将公司剥离重组后，两家公司都有这么好的发展，那么如果不分割企业，海达数云创造的营收会不会更高？刘总认为，企业分割这件事并不一定不好，有些时候一加一是大于二的。结构性的改变，不仅仅是剥离一项业务，更多的是让人才资源配置更合理。在经营过程中，海达数云的业务项目逐渐分为两部分，这种趋势非常明显，而这种趋势——业务项目的分野带来的是团队决策的难度升级。团队内的偏好与意见更加难以统一，因此不如将团队拆分，让不同业务模块都可以体现所长、追求所想。

从拆分政策看，一方面剥离出去的业务与母公司有着各种各样的联系，尤其是人员和生产资料方面有时难以完全分割清楚，这些难以分割部分经过评估转化成股权，对母公司和相关人员形成了有效的股权激励。另一方面，拆分也使得每一个业务模块都更为聚焦，从而获得专注产生的竞争力提升。

上述情况多次出现在海达数云的内部，公司结构多次被打散重组，这种多次的、大规模的结构调整并没有影响过海达数云的营收。据统计，海达数云在 2012—2015 年这三年间营收稳步上升，2015—2017 营收仍然保持平稳增长。这种结果既与三维激光产业整体处于蓬勃发展阶段有关，也与拆分政策相关。从拆分政策看，一方面剥离出去的业务与母公司有着各种各样的联系，尤其是人员和生产资料方面有时难以完全分割清楚，这些难以分割部分经过评估转化成股权，对母公司和相关人员形成了有效的股权激励。另一方面，拆分也使得每一个业务模块都更为聚焦，从而获得专注产生的竞争力提升。

海达数云固执地坚持将公司规模维持在 100 人左右，这让我不禁想到了华为，华为规定企业人员变动率要恒定在 5% 左右，这种半强制性的裁员让所有员工时刻保持警觉。但是海达数云却不同，企业的分割更像是将从属关系转变为合作关系。分离出去的团队必须面临着自己挣“面包钱”的挑战，做自己喜欢的产品与项目并自负盈亏；结构重组后的海达数云也更加轻爽，可以更加专注于自己的轨道。

在这里，可以将海达数云企业的分离比做火箭的分级推动，海达数云的主体需要分级推动器的不断脱离，从而到达更远的目的地。这一情况对于初创企业有三点好处：第一，维持了员工工作积极性，部分员工的流出会激发留下员工的工作积极性，因为留下的员工会从侧面体会到自己在企业中的价值，收到心理激励的员工会更加努力工作。第二，提升研发的投入产出。当研发目的变得纯粹，研发领域愈发聚焦时，研发人员的产出投入比相应地上升，研发成果也随之大幅增加。第三，提升企业影响力与

2017 半年度总结计划会议 • 海达数云集体照

知名度。分离后的公司与员工必然会留有部分海达数云的影子，这种“和平分手”式的企业分离保证了海达数云的好口碑，随着不同的企业在各自行业内的知名度与认可程度的上升，海达数云的影响力与知名度也随之上升。

稳定态，创业的要素

在这个技术精英占绝对比例的团队中，大多数人做到了“连续五年坚持做好一件事”。

在海达数云成立五年来，其内部核心创始人变动不大，在这个技术精英占绝对比例的团队中，大多数人做到了“连续五年坚持做好一件事”。

在 2012 年，创始人团队大多都是精通三维激光技术的爱好者，五年时间过去，每位创始人都可以被称之为一名行业专家。他们本着自己对于三维激光行业的热爱，坚持自己对于行业内技术与科创的贡献要求，让海达数云技术研发不断前沿化。

这份坚持来之不易，在同期的很多同行业企业最终没有研发成功，一个重要原因就是“被诱惑”了。近几年人工智能领域逐渐成为新的风险投资风口，与人工智能相关的企业与创始人很容易获得天使的青睐。三维激光与人工智能的交叉点是无人驾驶自主导航系统，因此很多企业转向研发无人驾驶。然而研发新技术与新产品决不能止步于中途，行百里者半九十，这也就解释了为什么坚持到终点的百里企业是海达数云。海达数云始终坚持做高频率高精度全波形远距离三维激光雷达，不一味追求热点转向避障雷达，集中力量将自身的核心技术做得更好。

海达数云在五年内坚持深井式探究，逐渐将自己从项目式售卖服务的公司转型成为技术密集型企业，并且成功实现创业三年 7100% 的增长速度，这与他们“专注、坚持”的企业文化密不可分。在访谈过程中，我们感受到海达数云踏实的工作氛围，正是这份踏实的文化，才有了技术上的突破、行业中的领先。

结语

海达数云的成功不仅仅源自于自身过硬的研创水平，或者是刘总自谦的幸运，更重要的是勇于决断，在多个项目、多种诱惑时勇于壮士断腕，坚决轻松上阵，走自己要走的路。唯有这样才能以专业化的产品开拓出广阔的市场，才能让系统化的服务为海达数云奠定扎实的品牌基础。

铃空游戏：

坚持以原创品质为国内主机游戏发声

导语

至于将来，你的任务不是看着它，而是促成它。

——安东尼·德·圣埃克苏佩里《小王子》

铃空游戏的英文拼写是NEKCOM，是由neko和company组合而来，在日语里，neko是“猫”的意思，代表一只能够洞察一切的灵猫。猫步态轻盈，身手敏捷，耐心等待，伺机而动，充满智慧又安静低调，而铃空游戏就像这样一只猫，充满创意且极富韧性，在主机游戏开发的领域里独树一帜。另外，neko是日文，company是英文，这样特殊的组合，也体现了铃空游戏在成立之初就以国际市场为目标的愿景。

国内主机游戏市场，在2014年才解禁，而铃空游戏早在2011年便已进入主机游戏市场，是什么契机让铃空游戏做出这样的选择？主机游戏在游戏行业里要求最高，准入门槛最高，是最能代表游戏制作水准的一个分支，在国内市场发展不足的情况下，铃空游戏是如何做到在国际市场上抢占一席之地的？

铃空游戏成立于 2011 年，七位创始人来自美国和中国，公司着眼于全球市场，致力于为中度和重度玩家带来优秀的游戏，作品覆盖多个平台，包括主机平台、PC 平台、VR 以及移动平台，并已成为国内为索尼 PS 平台（PS4、PSVITA 以及 PSVR）和微软 XBOX 平台开发游戏的顶尖团队之一。本文受访者为铃空游戏商务总监彭津

独辟蹊径，“重生试炼”圆满上线

自 2000 年国务院第 44 号令起，国内游戏机的生产、销售、进口等被一刀切地全面禁止，直到 2014 年才解除。14 年的市场空白，让主机游戏退出了大部分消费者的视野，而随着手机触屏技术的发展，手机游戏兴起，主机游戏市场份额在国内更是减少，在《2016 中国游戏产业报告》中，家庭游戏机游戏和单机游戏的总份额才占游戏市场的 0.5%。根据 2015 年数据统计机构 NPD 的调查显示，2015 年北美游戏市场中，主机游戏在整个市场中的占比为 27% 左右，而在中国市场，这个比例低于 1%。而且游戏主机行业又是一个十分特殊的行业，软件硬件缺一不可，不仅需要投入大量资金进行硬件的研发与销售，还需要具备软件研发能力或与第三方合作获取独占权。因此，

能在主机游戏行业里形成影响的企业从来都是屈指可数的。而作为游戏开发商，想要让自己的游戏得到市场的认可，就必须和这样的大平台对接，借助平台形成的市场力量影响更多的玩家。

因此，在铃空游戏的发展过程中，最重要的转折点是与索尼签约，成为索尼 VR 领域签约的首家中国公司。做主机游戏的研发，是一个耗时很长的事情，制作精良的产品，至少得花上 2 到 3 年，这是和手机游戏很不同的地方。选择走主机游戏研发的道路，就必须要忍受这份寂寞，铃空从 2011 年成立后，就一直猫在武汉，安静地做自己的产品研发，外界很少人知道。2013 年，铃空游戏在苹果应用商店上了一款《临终：重生试炼》的 DEMO《临终：罪人逃脱》，收费 3 美元，意外地在海外受到了热捧，在没有做任何推广的情况下，获得了 100 多万元的收入，更为重要的是，还受到了索尼的关注，索尼主动来谈合作，这对于铃空游戏而言，意义非凡。在此之前，铃空游戏一直也在想办法和索尼对接，这次意外的收获是一次无心插柳，而其实也是多年积累的情理之中的事情。在《临终：重生试练》中，不仅剧情和美术是国际水准的，就连配音都是邀请好莱坞的演员来制作的。2014 年，铃空游戏获得了黑马大赛武汉赛区移动互联网的第一名，当年年底，铃空游戏获得了联想创投领投的 1000 万元投资，随后，索尼在评估了《临终：重生试练》作品后，认为非常适合做成 VR 游戏，《临终：重生试练》成为了索尼 PSVR 平台首批全球首发的游戏，借这个机会，铃空游戏登上了索尼 PSV、PSVR、PS4 三个平台，在国内主机游戏领域，销量第一。同时由于作品的高品质，铃空游戏团队也接到了微软 XBOX ONE 平台的邀请和 HTC VR 平台的邀请。

到 2016 年，《临终：重生试炼》完成了最后的测试，各版本全面上线。从 2011 年开始，历经 5 年打磨，才终于拿出自己满意的作品，这是铃空游戏对主机游戏的坚守和热爱。《临终：重生试炼》是一款小众市场的密室逃脱类游戏，它让铃空游戏拥有了更多的时间静下来进行研发。密室逃脱类游戏，不是主流题材，一般大企业不会专门去做，这样铃空游戏可以避免和巨头的直接对抗，获得更多的时间专注于研发。而且，密室逃脱类游戏，本身也是铃空游戏擅长的领域。而铃空游戏也将继续发挥自己的优势，保持专注，对密室逃脱类游戏进行深挖，等到技术更加成熟后，才会考虑向其他类型的游戏扩展。

铃空游戏新作 DYING ISLAND

执着坚守，创始 7 人风雨同济

铃空游戏的创始人一共 7 人，从 2011 年成立，到 2016 年《临终：重生试炼》的完善落地，这期间投入多，产出却极少，5 年时间的沉寂，对于任何一家公司来说，都是一个极大的考验。从 2011 年到 2014 年，铃空游戏仅靠创始人自己筹集的 600 万元人民币坚持了三年多。这期间，铃空游戏也并未拖欠过员工工资，资金短缺，国内投资机构对主机游戏的态度又十分犹豫，公司一度曾走到山穷水尽，创始人依然 7 个人一条心，选择坚持。钱不够，那就卖房，7 个创始人做好了家人的思想工作，打算继续用力一搏。而此时，由于 3 年的用心打磨，《临终：重生试炼》的 DEMO《临终：罪人逃脱》在上线后立即受到了市场的认可，100 多万元的收入一方面短暂地缓解了当时的资金窘境，另一方面受到了索尼的关注，并在 2013 年跟索尼签署正式的开发者协议，此时，铃空游戏才终于开始受到投资机构的关注，并在 2014 年获得了联想创投的 1000 万元投资。

铃空游戏有两个工作室：一个在武汉，另一个在洛杉矶。武汉负责美术和技术；洛杉矶负责战略和研发，也负责海外资源的对接。7 个创始人中，5 个中国人，2 个是以前海外合作的伙伴（1 个美籍华人，1 个美国人）。首席运营官 Troy Dunniway 是美国人，曾在 EA 和微软等全球顶级游戏公司担任首席制作人，代表作包括《帝国时代》《命令与征服》《红色警戒》等世界级经典游戏，甚至还在詹姆斯·卡梅隆的电影《真实的谎言》中参与过特效制作。Chris Yuan，作为首席技术官，先后在全球最大的游戏公司 Activision Blizzard(动视暴雪，著名游戏《魔兽世界》的制作公司）和 EA 长期担任技术总监，曾经主导设计了全球第一款 3D 游戏引擎 WESTWOOD Engine。他们不仅为团队注入前沿的技术，还对接了大量的海外资源，频繁地来往于武汉和洛杉矶两地。由于国内市场消费者经过 14 年空白期，消费习惯还需要培养，也由于创始人团队的结构所带来的资源优势，铃空游戏的主要市场投放在海外，所设计的游戏风格也是以欧美风格为主。

国内市场的培育需要时间，铃空游戏其实也是在等待国内市场的崛起，同时也致力于对国内市场的培育。2014 年主机游戏市场解禁后，索尼和微软凭借强大的资金优势迅速进入国内市场，做了大量工作。在索尼对主机游戏玩家做线下服务时，铃空游戏在武汉也和斗鱼合作，开展线下玩家的游戏交流分享会。作为单机游戏，天然地缺少社交元素，因此铃空游戏希望借着更多的线下活动让更多人知道什么是主机游戏，也让重度玩家能够分享自己的体验。2016 年，国内游戏市场销售收入达到约 1655 亿元，且当下从我国人均收入来看，对于负担一个价值 2000 元的主机设备并不像以前是一个沉重的负担，国内主机游戏市场的未来空间非常大，一旦消费者的游戏习惯培养起来后，这将是一个巨大的市场。

众志成城，铃空游戏因爱而聚

在国内，游戏制作人员的流动性是很高的，但在铃空游戏，30 人的团队大部分都是一起从苦日子里熬出来的，在铃空游戏都并肩作战四五年了，陪伴铃空游戏一起成长。这份坚持是因为大家对主机游戏都是发自内心的热爱。主机游戏作为国内的一个小分支，能够在这样一个平台里和同样喜欢主机游戏的人一起工作，大家都十分珍惜。同时也由于主机游戏的特殊性——需要长达几年的开发时间，因此团队的稳定性很重要，在今后的招人中，铃空游戏也会更加谨慎。

主机游戏的商业模式已经比较成熟，依然是以内容为王，一些工作室虽然小，但只要内容足够优秀，就可以得到市场的关注。为了增强自身的研发能力，达到国际市场的高水平，铃空游戏会经常邀请国际知名大家参与团队的游戏制作。正在开发的新作聘请了日本一流的主机游戏软件制作公司 KONAMI 的专家山冈晃来制作游戏音乐，山冈晃的作品《寂静岭》是日本恐怖游戏的标杆，有了他的加持，铃空游戏不仅能极大地提升自身游戏的品质，而且也是对员工的一种培养。通过和顶级专家的合作，切身感受大师的设计理念和工作方式，进而培养自身的能力。也因此，铃空游戏成了主机游戏制作人发展的沃土。

做出一款能够让人忘记时间，忘记自己，完全沉溺其中的单机游戏，是一件很难得也很了不起的事情，这也是铃空游戏人的共同追求。游戏有自己的世界观，游戏能够传达自己的理念和知识，游戏其实也是生活的一部分。在铃空游戏，每周都会有一场游戏比赛，每天中午，大家也会聚在一起轻松地打一局主机游戏，游戏已经天然成为公

游戏有自己的世界观，游戏能够传达自己的理念和知识，游戏其实也是生活的一部分。

司文化的一部分，是铃空游戏人天生具有的烙印。对游戏的高品质追求，将带领铃空游戏走得更远。

结语

游戏是最显而易见的心流来源，玩耍是出类拔萃的心流体验。……玩家玩游戏并不是为了逃避现实生活，而是为了主动让现实生活变得更有价值。

你的任务不是看着它，而是促成它。

2017 年，美国市场研究公司 Superdata 对手游市场的研究数据显示，全球最赚钱的手游《王者荣耀》注册玩家数已经超过 2 亿，其中女性玩家过半，游戏已经成为大众在日常生活中的重要部分。不仅如此，对游戏的价值认识，也早已不再是玩物丧志的单一判断，而是重新认识游戏机制的内在价值，开始出现“游戏化变革”的新主张。简·麦格尼格尔在《游戏改变世界》一书中呼吁：“游戏设计不仅仅是一门技术性的技艺，它是 21 世纪的思维和领导方式；玩游戏也不仅仅是为了消遣，它是 21 世纪携手工作、实现真正变革的方式。”“游戏是最显而易见的心流来源，玩耍是出类拔萃的心流体验。……玩家玩游戏并不是为了逃避现实生活，而是为了主动让现实生活变得更有价值。”游戏的价值日益显现，逐步渗入商业模式、企业管理、活动组织等多个领域，这对于从小酷爱游戏而又得不到认可的游戏发烧友而言，无疑是一种莫大安慰和鼓励，对铃空游戏而言，更是如此。主机游戏市场由于政策管制，相对手游网游来得更加不易。2011 年成立之时，面对禁令尚未解除又不知何日市场能够放开的忧虑；2014 年禁令解除后，则又面对着 2014 年的市场空白用户急需培育，更别说团队本身面对的资金等各种困难。但铃空游戏最终还是坚持了下来，这背后最大的动力，我想是创始人发自内心对游戏本身的热爱，他们明白游戏的魅力，知道游戏的价值，知道对于未来，游戏意味着什么。对于将来，就像《小王子》所说：“你的任务不是看着它，而是促成它。”这就是游戏赋予铃空游戏人的未来使命。

中科通达：
做有信仰的企业

导语

坚强的信心，能使平凡的人做出惊人的事业。

——马尔顿

武汉中科通达高新技术股份有限公司（简称：中科通达）是专注于城市智能交通系统解决方案及平安城市系统搭建的高新技术企业。中科通达于 2007 年成立，致力于交通监控及道路管理相关方面的计算机集成系统研究。创业之初，中科通达便获得了高新企业证书，并于 2012 年发起成立中国光谷智能交通联盟，成为华中地区智能交通产业链发展的推动者，连续三年荣获光谷年度“瞪羚企业”。经过了十年的发展，如今中科通达已经成为专业而且颇具潜力的计算机集成系统公司。本文受访者为中科通达李文春总经理。

李文春总经理向到访客人介绍中科通达的城市交通管理系统

让交通更智能

21 世纪以来，随着我国经济社会的不断发展，私人交通工具大量普及，社会私人车辆的拥有量大幅度上升。在社会经济繁荣的同时，也衍生出大量新的需求，其中之一就是解决不断出现的城市交通拥堵问题。

时间退回到十年之前，交通监控及道路管理还处于初始水平，对于交通的监管是通过在路边架设摄像头以实时监控路上的状况。然而随着时间的推移，道路上的车辆越来越多，老一套的交通管理方式逐渐难以承受交通发展所带来的压力。交通部门迫切需要更好的管理办法和更高的管理效率，而城市同时也需要更好的规划和布局，以解决日益严重的出行难问题。

在那时，中科通达应运而生，王开学董事长在光谷创办了这家致力于交通管理的高新技术公司。在公司创办初期，中科通达从基础做起，脚踏实地发展自身实力。所以当时在研究交通管理平台的同时，兼顾着如交通路口摄像设备等前端设备的安装与调控，由浅入深开始进入计算机行业。

在初期的努力探索之后，王开学董事长在不断的实践中明确了中科通达的定位，即不做如照相机等前端设备，只做前端设备的系统集成与管理平台。因为前端设备生产制造已是一片红海，市场上已经有大华、海康等大企业，避其锋芒，专注于前端设备管理平台研发，致力于让交通更智能才是中科通达的使命。正如本文访谈时李文春总经理所言："违规、轨迹查询、识别车牌，这不是一家硬件设备企业在技术上可以全部解决的。中科通达做的就是把不同产品的系统集中到我们的平台，应用其他公司的摄像、传输等设备，做系统支撑的解决方案与集成方案，实时满足交通部门的工作需求。"前端产品生产企业主要针对设备，虽然也与公安、交通等部门接触，但少有针对城市管理层面的系统解决方案服务。而中科通达则提供了包括智慧交通、智慧城市、平安城市、智慧政务、平安校园等方面的基于前端设备的管理系统，不仅满足了从一般的警察到交通指挥中心各层级的需求，达到交通智能管理的目的，还满足了城市全方位智慧管控服务需求。虽然中科通达也做外围设备安装，但这只是后台平台系统的配套服务，已不算是中科通达的主要业务。

中科通达助力黄石市“双网双平台”建设

让城市更完美

中科通达在发展的过程中始终秉承着规范、专业与服务的宗旨。由于所从事领域的特殊性，中科通达经常与政府展开合作。交通管理领域服务虽然是面向政府部门和管理机构的业务，但由于交管部门服务主体是城市居民，是老百姓，公平公正与管理效率并重。这就要求中科通达的智慧交通服务精益求精，更专业、更规范、更智慧。

专业技术能力总是在业务开展的过程中不断得到考验和提升的。2015 年，中科通达中标《天津市公安交通管理局电子警察系统平台建设改造项目》中的软件系统研发，迎来了一次大的机遇与挑战，开始了历时两年的交通管理系统平台建设与技术突破。

天津机动车拥有量近 330 万辆，交通系统前端设备每天采集2500万条数据。如何收集整理如此庞大的数据，并且进行有效的分析与管理，对于政府来说是一个很大的难题。解决难题，提供超预期的技术服务是中科通达的目标。在这个项目中，中科通达率先设计先进的、可扩展的具有大数据架构管理平台，同时还实现了对全国缉查布控系统和上级集成指挥平台的实时数据分发共享，满足了从一般的警察到交通指挥中心各层级的需求，具有开放性与易用性特点。

在天津市交管局电警平台项目中，中科通达基于大数据技术和人工智能技术，实现海量数据秒级查询和交通数据深度分析挖掘。同时采用国内最优秀的深度学习人工智能技术，以实现电警卡口图片二次识别，并且融入“互联网 +”元素，结合微信，实现电子警察平台的“互联网 +”便民服务拓展。

在天津市这样一个人口超过1500万的大城市中，交通电警平台每天采集的数据量之大不难想象，中科通达的数据管理平台系统在天津市的应用中广受好评，让城市更智慧、更完美，彰显了公司的技术水平。

让困难更简单

时至今日，王开学董事长所创办的中科通达已发展成为业务遍布全国、合同订单过亿、中国智能交通行业十大品牌的明星企业，先后获得“武汉十大科技创新示范企业”等30多项企业荣誉及70多项产品资质。在2012年10月，中科通达在新三板正式挂牌，成为湖北首批新三板试点企业，之后于2016年年底退市，以专注于公司的主导产品研发以及完善内部治理。

在本文访谈中，李文春总经理感慨，企业的发展过程总会有面临困难的时候，中科通达也不例外，而每当面临困境的时候，王开学董事长总是“抱定必然成功的信念，对企业乃至整个行业有信心”，历经坎坷却从未放弃研发。正是这种胆识与远见，帮助了初生的中科通达一次次避过风浪，泰然前行。

比如在 2008 年，由中科通达自主研发的普清卡口在鄂州项目中投入使用，因为产品开发、安装调试等各方面经验不足，产品运行后暴露出诸多问题，导致鄂州项目一度陷入僵局。就在这一项目深陷泥潭的时候，王开学开始了对自主研发利弊的反思，并最终决定继续坚持走自主研发的道路。在随后的咸宁项目中，他力排众议，坚持继续使用公司的自主产品。

“最终我们选择了相信我们的研发团队”，多年后，王开学仍坚信自己当年的“冒险行为”，在他看来，自主产品尽管研发风险大、周期长、投入高，但放弃自主研发，意味着将丧失企业发展的主动权，并一定程度上动摇团队信心。令人欣慰的是，公司研发与负责工程的小伙子们没有辜负大家的信任，最终在鄂州和咸宁成功解围，双双取得骄人战绩。

“我想感谢那些在一次次的困境中给予我支持的团队成员们，一个个焦躁失眠的夜晚，是你们坚定的眼神和一句‘交给我请放心’让我安心平静，也因为你们的坚持，才有了我的信心，也才有了未来的无限可能。”2012 年，中科通达举行五周年年庆，王开学提笔写了一篇名为《回首》的文章，在提及这一段往事时，王开学毫不掩饰地真情流露，令人动容。

让生活更幸福

王开学董事长对企业文化有着自己独特的见解。中科通达如今一直在发行属于员工自己的“员工期刊”，其中刊载着优秀员工的案例以及公司的重大事件等。

在以前，资本家剥削剩余价值，而在当今社会，企业家通过自己的努力和创造分配剩余价值。

与此同时，员工的福利与生活条件也一直是董事长所关心的内容。在武汉的民营企业中，中科通达的待遇与福利已属中等偏上，如果综合考虑企业的规模、利润、员工素质等情况，中科通达的待遇绝对算得上“丰厚”了。曾有人问他关于资本家剥削劳动者剩余价值的问题，他这样回答：“在以前，资本家剥削剩余价值，而在当今社会，企业家通过自己的努力和创造分配剩余价值。”

在和谐的文化环境中，公司实现了基层员工与管理层的相互促进。员工热爱企业，企业才能不断战胜困难，取得业绩，而公司持续地获得业绩，又让员工得到更多的回报；文化环境是企业茁壮成长的关键因素，有了和谐共荣，相互促进的文化环境，企业便理所当然地具备一种不断求索的欲望，并在探求中快乐，在追逐中幸福。

王开学董事长融入中科通达基因中的另一个元素是真诚。在业务中，真诚地对待每一位客户，以技术融合服务，真心诚意地为客户服务，高效率满足客户的多样化需求。在企业内部，包括董事长在内的所有人，也都是以真诚待人。中科通达曾经连续两年对一位杰出的员工颁发“十万元”的大支票。除此之外，公司还对个人奖励过汽车等贵重物件，甚至在 2013 年年初的年会晚宴上，王开学现场把自己脖子上戴的价值不菲的一块“玉”摘下来，作为奖品抽奖，而被抽中的“有缘人”是一位跟随王开学六年多的默默无闻的基层员工。真诚，就是这样，由董事长发起，一步步地融入整个企业的文化之中，伴随并见证着企业的成长。

王开学董事长将员工的幸福视为自己的幸福。他关爱每一个人，将视野贴近每一位具体的人。无论是在工作还是在会议上，王开学董事长总是能够叫出具体员工的名字，并且讲述他们在工作中的贡献。比如在最近的 2017 年年中会上，董事长便提及了数位员工及部分员工家属对公司的贡献，肯定其事迹并表示感谢。

某种程度而言，做中科通达的员工，也是挺幸福的一件事。

结语

王开学，是一名典型的学者型商人，真诚，实在，勤奋好学，不断成长。王开学曾在党校学习，并在不惑之年到 EMBA 班进修，将多看书、多学习视为在计算机行业站稳脚跟的基础。他有着中国儒家“修身、齐家、治国、平天下”的胸怀，并把自己的理想倾注在企业中，真诚地对待每一位同事，真诚地服务每一位客户。

他有着自己的创业精神：心中装着目标，每时每刻竭尽全力，不在乎一城一池的得失，不害怕眼前的困难，谦虚谨慎，积极乐观，义无反顾，勇往直前。

他也关注着成功的同行们：华为的老板任正非在员工食堂吃饭，排队等的士；娃哈哈的老板宗庆后坐高铁二等座；小米老板雷军坐经济舱，挤公交，吃盒饭。在看到他们的事迹之后，王开学董事长认识到，他们不是成功之后的故作姿态，而是拥有奋斗精神让他们走向成功。

他说，企业做大做强要靠企业文化，但企业要保持可持续发展，要基业长青，就要靠企业信仰。而他要做的，就是塑造一个有信仰的企业，让每个员工都秉承信仰，并每时每刻付诸实践，相信企业的未来。王开学董事长认为，有信仰的企业家要热爱自己所从事的行业并形成强大的推动力，最终创造一个和谐的企业环境。

企业做大做强要靠企业文化，但企业要保持可持续发展，要基业长青，就要靠企业信仰。

中科通达如今已成长为颇具实力的企业，公司自成立以来，已荣获百余项荣誉，深得市场认可与投资者青睐，并于 2017 年获达晨创投和当代高投 6000 万元融资，彰显出有信仰的企业之魅力。

初心科技：石墨书写跨越时空，网络协作不忘初心

导语

知止而后有定，定而后能静，静而后能安，安而后能虑，虑而后能得。

——《大学》

石墨是武汉初心科技有限公司设计的核心产品，兼具美学设计感和用户体验管理的功能，目前可支持文档、表格多人实时交互协作，编辑保存，极大地方便了协作撰稿、文档管理和会议记录等工作。

创始人吴冰和吴洁是一对有着多年海外学习和工作经历的双胞胎兄弟，而另外一位创始人陈旭，也就是本次访谈的主角，来自通用电气（GE）的 IT 管理培训项目部。他没有骄傲地谈及公司创业前合伙人的辉煌历史，只是谦逊地将自己来武汉创业的原因归结为阴错阳差。在他身上，少了几分舆论刻板雕琢的创业者形象中的高傲世俗、驰骋天下的霸气，更多的是低调沉稳、初心常在的释然。

尽管公司的装修风格没有典型初创企业五彩缤纷的青春律动，而是黑白的画风，水墨般沉静，却自有舒适宁静蕴含其中。当问到陈总办公室的位置时，他只是顺手指了

面前员工区一个不起眼的角落，像是理所当然地说，在这里，没有“总”，只有一直在奋斗路上的“大家”。最有趣的是公司的午餐文化——不同于普通高楼大厦工作的上班族，光谷区石墨团队的午饭请阿姨统一做，大家分两桌围在一起吃，并且阿姨小面还被做成私家食谱推送供大家效仿。

武汉初心科技有限公司成立于 2014 年，主要从事云端实时协作的企业办公服务软件研发，旗下的石墨文档作为中国第一款支持以多人多端实时协作，实时同步等功能，为用户提供高效的服务。在 SaaS 类协作云文档国内市场占有规模排名第一，并且是国内各大 SaaS 产品中云文档服务的首选合作伙伴。2016 年 12 月 7 日，在由 36 氪主办的“WISE2016 独角兽大会”上，石墨文档凭借在企业服务上突出的表现和影响，获得“2016 最具影响力企业协作办公软件”这一殊荣，图为双胞胎创始人吴洁和吴冰在现场接受颁奖

围桌落座后，他用“这三年谈不上做得很成功，只是一直在奋斗的路上”这句话开启了石墨团队创业历程的分享。

一个目标的明确

从武汉大学毕业之后，陈旭直接成为 GE 管培生，三年半的时间在 GE 各地积攒了多个岗位的实习经历。尽管在出国党和外企风盛行的年代，这份工作较为受人追捧，可是，在外企工作的日子，他一方面发现自己对互联网的兴趣变得浓厚，另一方面也意识到自己心中对于繁复工作与冗余体系的不满足，最重要的是，他渴望持续的学习速度与成长空间。工作三年后，一个偶然的机会，在朋友的婚礼上，他又碰到了好友吴冰和吴洁，三人竟一拍即合，决定将多年前的聊天内容在光谷变为创业进行时。组队之初，三人并没有真正想好要成立一家什么样的公司，只是在团队合作的过程中发现了问题。

首先，在一次次小组讨论中，许多优质点子如灵光一

闪，多被淹没在了聊天记录中，之后仅能依靠回忆的关键字搜索来补充观点。其次，初创团队有时需要在一张巨型白板上进行大量的头脑风暴，但是有一些成员远在他乡又不方便实时沟通参与。最后，国内市面现有的团队协作软件，偏向于几人主导的项目管理，往往忽略了任务形成之前的平等对话过程。而唯一较为适合的只有 Google 办公套件，却不便于国内访问。于是，几个人下定决心，从满足自己团队协作需求开始，闷头几个月，终于做出了一个相对可操作的粗糙小样（demo）。

不巧的是，demo 成型之时，氪空间第二期的报名日期刚刚截止（据陈总介绍，氪空间属于三十六氪的一个分支，是市面上少有的不收钱也不占股，专项提供孵化器职能的北京科技媒体）。吴冰、吴洁两兄弟并没有直接放弃报名，而是当即买机票直飞北京，请求负责人给他们一次演示 demo 的机会。负责人刚开始很是惊讶，因为很少有人会在报名截止之后还这么执着地跑来申请，但很快便从产品的展示中看出了石墨的匠心，随后直接邀请团队进驻氪空间。

在那里，他们结识了众多同他们一样拥有一腔热情和活跃头脑的团队成员，而其中一些伙伴也成了文档产品的第一批试用者。例如，一个以公益为目的的私人翻译团队，成员分布于全国各地，组织结构又较为松散，因而在给国外的演讲、课程配字幕时极为不便。他们试用石墨之后，好评不断。最让陈旭感动的是，翻译团队试用期间的某天傍晚，负责人直接跑到了他的工位旁边，一直握着他的手说，“这个真的是太好了！太好了！”

也是从那时起，他发现除了自己的团队需求之外，还有众多潜在市场有待开发。于是，团队一边通过培训获取组织搭建与商业模式的经验，另一边也沉下心来细心打磨石墨文档的每个细节。几个产品研发出身的伙伴，也开始重新系统地学习如何做品牌，怎样规划融资节奏，以何种方式进行产品宣传……天使投资人的见面会上，石墨的融资额刷新了氪空间的历史记录。

两个重要的抉择

在氪空间的孵化结束后，团队突然面临一个问题——是留在北京发展，还是再度回到武汉？有些成员偏爱北京的丰富活跃与广阔的市场，另一部分依然留恋光谷的熟悉氛围与研发人才基地。是一分为二还是强制迁移，在现实面前，团队不得不面临重要的抉择：重新对团队的构建寻找定位——毕竟产品创立的初衷就是方便团队远程平等沟通，于是，北京和武汉两地办公的协作链条开始建立了起来。

团队面临的第二个重要抉择，出现于第二轮融资期间。2015 年秋，团队顺利地谈妥新一轮融资，便没有继续跟进寻找其他投资方。起初，面对风险投资人频繁的尽职调查与数据索求，团队给予了高度的配合，即便是外人看来也没有必要的数据调查，团队也只是自我安慰，感慨他们事无巨细的认真执着。万万没想到的是，即将要签订正式协议之时，没有任何新的进展。而到了这个时候，其他各类风险投资方的大佬们也都接连休假，进一步的融资似乎都快要化为灰烬。

没有一点点防备，冰川时代就这样来临了。风险估计不足，预算自然也所剩无几，以至于团队的工资也只能发到年底，甚至青黄不接挨不到开春的新一轮融资。要不先发工资，等开春再想办法？这样做可以保持现阶段的研发与业务拓展的生产力，可是如果开春还是没有拿到融资怎么办？又或者，裁员吗？裁员可以精简团队节约成本，但是团队每个人都一起肩并肩奋斗这么久，根本找不出裁掉任何一个员工的理由。

初心科技小伙伴们跃动的青春

几个充斥着紧张与不安的会议之后，终于得出了结论：全员降薪，管理层完全不拿薪水。陈旭讲到这里，脸上浮现出了当时的无奈，那种巨大的责任感和使命感，在无法解决兄弟们薪资的问题面前，给他带来了巨大的压力和痛苦。好在大多数的成员都没有选择离开，新任资方也及时对团队成果给予了肯定，难关总算平安度过。不过这件事也给团队一个很大的教训，就是细致多元的思维一定要贯穿融资过程的始终。

三个巨大的飞跃

首先是产品形态与功能上的飞跃。陈旭一直在用“有点丑”和“比较粗糙”这样质朴的词汇来形容石墨初期的作品，相较于我们如今看到的大气典雅而又人性化的界面，论证了初创团队的发展逻辑——早期的产品只需要得到天使轮的验证，而公司越发展越需要体系化的模板进行

早期的产品只需要得到天使轮的验证，而公司越发展越需要体系化的模板进行运转。

运转。

其次是个人高级版的增值服务正式上线，标志着文档付费板块的增加，石墨开始有现金流入。出于对产品的高要求，成员打心底一直认为作品在打磨到足够精细之前，对收费的成果没有太大信心。出乎意料的是，收费客户中选择一个月尝鲜版和一年长期应用的比例竟高达一比一，这意味着原始客户中有很大一部分群体非常信任和依赖石墨。

随后团队趁热打铁，推出了企业付费版。最有趣的是，有人提议，只要增加一个企业付费版用户，就在实时显示屏上配合一个音效——超级玛丽接金币的声音！当第一个金币声响起时，所有人的兴奋与激动溢于言表。

第三是初心的执着与明晰。从氪空间时期的“只想安静地做一个美文档”，到如今界面 LOGO 下大写的“不只是云端 Office”，看似是一改初心脱离专注，实则是业务拓展定位使然。石墨要做的，是符合中国人用户体验的多成员多终端的在线实时协作，文档扩展到表格，甚至更长远的发展战略，都是围绕着这一初心。看似是很简单的产品，背后渗透的是对于未来办公团队模式的思考。团队沟通需要的是更多的话语权，而不单单是等级森严的管理，尤其是富有创新的互联网企业。石墨这个平等沟通的交流平台，重协作，轻版型，石墨已经帮用户把文档的板式设计好，每个用户在使用过程中只需要考虑内容的交互。此外，每个人头像的跳跃和历史区的留痕，还同时保证了团队各成员的高参与度。也正是石墨执着的初心，赢得了投资方和用户的高度认可。

团队沟通需要的是更多的话语权，而不单单是等级森严的管理，尤其是富有创新的互联网企业。

结语

石墨可以做笔芯，因而作为传统书写的延续，“石墨”

正是因为保持匠心，作品才在躁动的竞争氛围中独树一帜，平心静气地打磨细节从而思虑周全，由静入定，由定入慧，而后能得。

二字为团队奠定了黑白灰沉稳大气的风格。正如导读所引《大学》之格言，恰恰印证了何为石墨创业成功的基石。“知止而后有定”，唯有洞悉交互协作类软件在国内市场的前景，明察此类软件发展的空间，才能定下明确的创业目标，坚定创新的决心；“定而后能静”，正是这样坚定的意志与目标指引着团队静心钻研，不断开发出更高效的团队协作管理软件；“静而后能安”，尽管在创业过程中会遇到几地选址、融资困难、发展瓶颈等一系列的困难，但因为内心的沉静所以能够安定在这个软件创新的领域，在一次次沉潜中韬光养晦，厚积薄发；“安而后能虑”，正是这一份不畏困境的坚定决心，激励着团队在一次次困境中痛定思痛，探索出软件管理、公司管理的新模式与新途径；“虑而后能得”，基于武汉初心科技有限公司这一群年轻人缜密的思索，筚路蓝缕，披荆斩棘，一路过关斩将，终于使得“石墨”这一核心产品傲立同类型团队协作管理软件的巅峰。正是因为保持匠心，作品才在躁动的竞争氛围中独树一帜，平心静气地打磨细节从而思虑周全，由静入定，由定入慧，而后能得。

颂大教育：
教育信息化的弄潮儿

导语

知何知乎？谋何谋乎？审而出者，彼自来。自知曰稽，知人曰济。知苟适，可为天下周。内固知，一可为长久。论而用之，可以为天下王。

——《管子》

上一辈的记忆还停留在“一根粉笔、一块黑板、一本书、一张卷子”的学生时代，他们下一辈所面临的，是处处与“互联网”共融共生的教育信息化浪潮。大胆想象未来的教育模式，随着互联网应用的普及与技术革新，“在线教育”不断兴起，将涌现出越来越多“没有围墙的学校”，未来教育模式将不再受时间和空间限制，逐渐演变成“随时随地的学习”。武汉颂大教育科技股份有限公司就是教育信息化浪潮中一朵夺目的浪花。

武汉颂大教育科技股份有限公司成立于 2005 年，是全国首家中考中招平台提供商。本文受访者为颂大教育创始人兼 CEO 徐春林（见照片）

顺势而为，做市场需要的产品

作为一家首创于2005年武汉光谷，生根于基础教育领域，专注于教育信息化应用环境建设、教育软件及系统研发、教育云平台运营服务的企业，历经十余年耕耘与发展，颂大教育的产品与服务目前已覆盖全国50多个地市、400多个区县、12 000多所学校，存储有2 000多万名师生的海量数据信息，颂大的教育云平台用户量已经达到全国第一。

面对这个成绩，颂大教育创始人徐春林说，创业初期，武汉大学经济管理专业毕业的他，对信息化也是一知半解，仅凭着“学籍管理系统”这个项目，2005年，公司就这样开张了。

他在湖北做的第一件事，就是推广“学籍管理系统”，这款产品让传统的厚重资料档案相形见绌，很快就受到了十堰等地教育部门的关注。这个项目带来了不菲的盈利。但好景不长，因种种原因，这款产品无法继续做下去。对此，徐春林并未绝望，因为他知道，这个行业因信息化而衍生的需求还有很多，比如他已经关注到的中考招生系统。

为了找准市场，他最常做的就是到各个教育局、学校串门，蹭各种会议，和领导老师交朋友，了解他们的想法和工作中的困难。渐渐地，他了解到，基础教育信息化的重中之重，就是中考和招生。找到痛点，就想办法解决。不久，徐春林带领团队研发出了“中考招生系统”。这个系统的开发，当时在全国尚属首例。

从最初的学籍管理系统，到中考招生系统，再到网络阅卷系统、教学质量评测系统、同步测评以及目前正在开发的“颂大电子书包”……多年以来，颂大教育一直与当地教育主管部门、学校校长、教师、家长，以及学生频繁接触，逐步建立起信任。

一路走来，深潜多年，徐春林早已做足准备，他已经站在风口上，只等风来。

2012 年，教育部出台了《教育信息化十年发展规划》。业内人士称这一年为教育信息化元年。而颂大教育所坐落的教育大省湖北省，被选为全国两个“教育信息化试点省份”之一。

徐春林对教育信息化行业内的任何风吹草动，都了解得门儿清，国家对教育信息化的重视让徐春林感到激动。他终于等到了他的历史时刻。“之前，国家施行校校通、班班通工程时，好比修建高速路，我们民营企业没有能力去承接。但现在推广桌桌通工程，如同为高速路聚集更多的车辆和乘客，这一点正是我们的长处，轮到我们出场了。”

“尽管颂大教育积累了不少宝贵的经验、资源与用户，需要警惕的是，基础教育信息化的速度会比想象的要快。我们必须顺势而为，国家的支持会加速公司的发展，与内容制造商的战略合作也是一条重要的发展途径。”徐春林很“懂行”，面对机遇，他勇立潮头，顺势而为，稳稳布局，笑迎这股强劲的浪潮。

2016 年 8 月 6 日，以“教育信息化落地应用之千校联盟”为主题，由湖北中小学素质教育研究中心主办、湖北日报协办、颂大教育承办的第三届智慧校园建设高端论坛在武汉举办

深耕不辍，做坚信未来的企业

没有谁能随随便便成功，颂大教育能取得今天的成就，不仅取决于徐春林不断发现市场，做市场需要的产品，还在于他不断挖掘信息化浪潮下教育发展的

新潜力。

大数据技术正在渗透到教育的核心环节，试图重新构建教育的评价方式，革新教育者的教学思维，并影响学校育人的模式。

徐春林的论文《教育：让数据充满阳光》曾获湖北省教育学会教育管理专业委员会第二十四届学术年会优秀论文一等奖，这是他第二次荣获此奖项。在这篇论文里，他指出：大数据技术正在渗透到教育的核心环节，试图重新构建教育的评价方式，革新教育者的教学思维，并影响学校育人的模式。“数据”能够促进教育管理的“阳光”，实现教育评价的科学，助力教育发展的均衡，甚至成为教学改革的定力。

徐春林还强调，未来的世界是一个高智能、大数据的世界，是一个硬件、软件、数据与人的智慧相融合的世界。分割的数据很难产生价值，我们一定要树立数据的整体观，各个教育企业和教育部门要建立统一的大数据平台，让数据共生、共享、共赢。教育，一定要让、也能够让数据特别阳光。

从《互联网时代教师的重塑》到《教育：让数据充满阳光》，不难看出徐春林对教育的重视和思考。他时刻关注教育事业的发展方向，思考和探索提高教育质量、缓解教育不均衡问题的策略，为教育发声。创业至今，他一直坚持正直、诚信、善良的立业本性，以及做对社会有正面价值产品和服务的思想，让大数据为教育管理服务，提高教育管理的科学性和实效性，从而开创企业“阳光数据”的发展历程。

谈起行业的发展前景，他说：“当前的教育信息化行业还处在‘战国时代’，很多人在抢地盘，但一个企业有竞争力的关键因素是产品要做得好，好的产品才能打天下，不好的产品老师和学生都不会用，这是商业的逻辑。这个时代也给大家带来了很多机会，我相信经过这一时代的洗礼之后，一定会沉淀出行业内的杰出企业。”

摸爬滚打，赢执着创业的人生

在 90 年代初的下海浪潮中，22 岁的徐春林第一次辞职，离开国企，下海创业。他卖过饮料，开过餐馆，做过广告……用他自己的话说，就是因为脑子活，几乎干什么成什么。“那一年我才 23 岁，手里握着 200 多万元现金，用春风得意形容一点都不过分。”徐春林说，他又四处借钱凑够了 500 万元，投资做酒店。最终，由于不了解市场和经营不善，酒店不到一年就关门。徐春林人生第一次像样的创业草草收尾，他把所有实物转让给合伙人，自己承担下 200 多万元的债务。

年轻就是资本，一切从头再来。以前打工时，徐春林曾经接触过信息化，那时他就敏锐地感觉到，这个东西能给传统行业带来新的巨变，任何行业只要和这个东西挂钩，就一定很有前景。而那时的基础教育领域，信息化并未起步。“我是一个很活跃的人，所以选择的行业也必须充满朝气。”同时，徐春林清楚地告诉自己，最好是蓝海（未知的市场空间），以免刚起步就被“拍死”。徐春林毫不犹豫地走了进去，在教育信息化领域里，一做就是十多年。

公司刚成立时，首先面对的困难就是招人，尤其是技术人才。短短一个月内，许多高校、科研院所都出现过徐春林焦急的身影。他的诚意最终感动了一位技术人员，“这个东西，我一个星期就能搞定！”此人现任颂大教育的技术总监。十多年过去了，徐春林每每提到此事都会说，他是公司的功臣。

产品有了，如何敲开封闭的教育系统大门？徐春林的答案是，敲门。真的就是敲门，努力敲，拼命敲，不懈地敲。“您知道自己辖区有多少学校，多少学生，多少老师？我可以免费帮你们做一套信息管理系统。”这就是他的开场白。

谈起自己的创业之路，徐春林用“磕磕绊绊”来形容。但他认为自己挺幸运，因为除了事业，身边还有一群不离不弃的挚亲好友。三十岁之前创业，除了自己的本钱，连老父亲的积蓄也都搭了进去。多少个大年三十，债主甚至比他先进家门，20 万元的年终奖，还没捂热就被拿走……三十岁之后的创业，公司濒临破产时，员工愿意借钱跟他一起承担；公司贷款 300 万元时，妻子愿意在担保人一栏签下名字；许多客户最终成了合伙人，曾经的债主也成了好哥们儿。

公司老员工们谈起他，感慨万千。曾见过他意气风发的样子，也目睹过他落魄失意的状态，最惨的时候差点病死在北京的街头。“但不管任何时候，他都有目标有理想。”

一个坚持创业，以苦为乐的人，成功必然是他的囊中之物，一切只是时间早晚的问题。

“大家不要看我两鬓斑白就觉得我创业很艰辛，其实我自认是一个聪明人，创业这 20 年，我收获的乐趣远大于经历的痛苦。”徐春林的这句话让人记忆深刻，一个坚持创业，以苦为乐的人，成功必然是他的囊中之物，一切只是时间早晚的问题。

结语

“教育永远都是一个朝阳产业。”谈及颂大的未来发展，徐春林语气坚定，信心满满，“我们的目标是要做中国教育的培生”。业内人士都知道，培生国际是全球知名的教育集团，致力于为教育工作者和各年龄层的学生提供优质的教育内容、教育信息技术、测试及测评、职业认证，以及所有与教育相关的服务，已有 150 多年的历史。

十余载深耕，雄心依旧，情怀不改。在“互联网 +”的沃土之上，颂大教育这株曾经的小小嫩苗，正在努力拔节长高，直到长成参天大树。

传神语联网：
形之传神独善其身，神之传神兼济天下

导语

传神者必以形，形与心手相凑而相忘，神之所托也。

——明•唐志契《绘事微言》

全国的大大小小的翻译公司大约有五万六千家，这是什么概念呢？我们可以将其与国内的早餐店相比较——夫妻档父子兵居多，此类作坊式的经营模式鲜有知名大品牌；尽管平日不见踪影，可一旦有早餐的需求，刹那间花开遍地。

既然这个行业竞争如此激烈，三个“外行人”为什么还要拼尽全力挤进这个市场？又是因为什么特质使自己不被淹没其中而独领风骚？武汉传神的市场部总经理彭总，为我们一层一层揭开谜底。

从看不起到看不懂：质疑声中成长，用实力书写成就

一千多年前，佛教传入中国，大量的佛经点燃了中国各式作坊的翻译火焰。现如今，尽管互联网技术发展迅速，

传神语联网网络科技股份有限公司成立于2005年，是全球领先的多语信息处理及服务提供商。照片为2017年12月11日李克强总理在湖北武汉考察传神语联网，总理称赞“传神”语联网名字很传神。本文受访者为传神语联网武汉基地运营总监彭志红女士

但小作坊式的翻译格局并没有从根本上得到改变。曾有统计数据显示，如今各式语言文化中用于翻译的内容不足总量的百分之一。并不是剩下的百分之九十九没有翻译的必要性，而是这个“百分之一”已经是当前的市场活跃度和成熟度，在大量小作坊式的人工翻译领域所能达到的最大高度。

在如此背景之下，来自于固体电子学、计算机和市场营销专业的三个人组成了武汉传神创业团队，而他们自身背景中唯一同翻译二字相联系的部分，便是——三人的外语能力都较为一般，即便花费了大量的时间精力去学习外语，结果却总是投入和产出并不成正比。有鉴于此，一个新兴的语言服务公司，传神语联网网络科技股份有限公

司，就此诞生。

一些翻译界的老前辈直言不讳，翻译是一种神圣的脑力劳动，你们一群搞技术的小伙子来折腾什么？也有许多人预言，传神只会昙花一现，本就没有翻译专业的撒手锏，还要养活大量的员工。出乎意料的是，传神的发展给了这些流言蜚语重重的一击——从看不起传神，到开始慢慢看不懂传神。

多年前在北京一个简陋的地下室，三个人成立公司之初，就决定了不做传统意义上的翻译作坊，而是要用现代科技的成果引领翻译领域的发展。尽管从表象上的翻译内容来看，同其他公司没有太大区别，但是如同婴儿胚胎，幼时相像，长大之后却各具特色，因为基因就注定了它是一个非传统意义上的翻译公司，不是那个简单的五万六千分之一。

第一次吸引到行业的好奇的目光，源于 2008 年传神一个非同寻常的举动。与普通翻译公司直接将上一笔现金流用于发展下一笔业务不同，他们提取了一部分的利润，打造了一场翻译管理系统的鉴定会，整合翻译前期的画像，过程的管理，与后期的沉淀。

鉴定会的创立是为了解释一个行业逻辑——大量全职译员不一定就是核心竞争力，因为专业人员不一定能够翻译准确。例如英文系的人不一定懂其他所有特定行业的专有名词，某个特定行业的普通从业者也不一定能随时查看行业的前沿内容，而最核心的技术人员也不一定有流畅的表达。

因此，传神在 2013 年提出了“语联网”的概念。这是一个语言市场的资源整合平台，同时在整合的过程中增值画像，提取关键词进行基因匹配。形象的解释就是类电网模式——发电厂发出的电流五花八门，只有在供电局的整合下才能将稳定的电流配置到千家万户。因此，传神需要做的就是扮演电网中转的角色，让专业的人做专业的事情，对大量的译员进行画像精准化，从而实现全球消费者的信息匹配最大化。于是，一方面立体化的服务平台被建构起来，从低端的出行需求，到高端的论文翻译，都可涵盖其中；另一方面，具有语言能力的人被激活，便能更大程度上激活翻译市场，在不同的领域打开接口，从而形成良性循环。

彰显“传神”T 型血文化和海星文化的“红色热血，服务起跑，青春征程，永无终点”活动

我们最大的梦想，就是让人类沟通没有语言障碍。

这便是为什么这个时代需要传神，不是简单地用边缘科技将翻译快捷化，还要用核心科技把翻译精准化。彭总眼神很是笃定，“我们最大的梦想，就是让人类沟通没有语言障碍。”

从语言到信息服务：嵌入企业发展，用文化撰写神话

创始人在华中科技大学的学习生涯，沉淀了对武汉的热爱和情结，加上光谷以其包容开放的胸怀吸引了周边三省的众多人才，更用志同道合的梦想嫁接起了从北京到武汉的“传神”之梦。“传神”的命名有两层含义，首先是trans- 的近音，其次是翻译要达到传神的境界。若要到达如此状态，需要极其庞大的团队作为支撑。几年的时间，武汉本地就已经集合了 600 多人的研发运营团队，以及 100 多万人的译员。分支机构也从全国的十多个，扩展到了世界各地。

庞大的网络，需要系统化的管理才能运营：对外，人数多达一百万之众的译员，要求能提供翻译外快机会，以及学习提升的沟通平台；对内，企业员工需要强大的企业文化作为凝聚力的黏合剂。我们在各分部的前台，总能看到两个标志性的元素：一个红色的 logo，代表 T 型血文化，一个橘红色的海星桌，象征企业的海星文化。

每两个月都会有最核心的创始团队成员进行新员工入职培训，首先要讲的便是“transen”的 T 型血，有三个含义：第一个是奔腾的血，逢山开路，逢水架桥，不畏一切困难，即每个传神人都有着这样一种勇气，遇到任何的挫折和困难都一定能所向披靡；第二个是沸腾的血，不满足于现状，一直满怀热情，从一个高峰攀向下一个高峰；第三个是有缘的血，全球各地的员工因为有缘才能汇聚一堂，即便不一定相互认识，但都彼此尊重，形成极强的合作闭环。此三种特质融合为具象化的高绩效，像“回头钉”，两个木板订下去需要两端回脚才能连接紧密，达成“靠谱的”高质量产能输出。

而海星文化，取的是海星一个很重要的特点，就是即

文化的力量极其柔软，但又极其坚硬。一个家族，一个企业，乃至一个国家都是如此。

便撕成多半，也可以其极强的生命力生成几个海星。于是，各地不曾相识，甚至于不会说中文的传神人，都可以将T型血和海星文化讲述得头头是道，内化于心。文化的力量极其柔软，但又极其坚硬。一个家族，一个企业，乃至一个国家都是如此。例如犹太人，即便被世界抛弃和敌视，但是手持“圣经”，依然可以屹立于世界。

文化的产生，不是设计出来的，而是磨合出来的，是在这个过程当中不停地摸索、思考和沉淀出来的。

文化的产生，不是设计出来的，而是磨合出来的，是在这个过程当中不停地摸索、思考和沉淀出来的。公司刚开始的成立过程非常艰难，因此需要奔腾的血，不达目的誓不罢休，勇往直前；但是当企业发展到一定规模的时候，依然需要保持一颗热忱的心；公司人员规模不断地得到扩充，需要有缘的血，相互融合。

我们学习一种语言，其实是接受一种文化，一种思维方式，这也很大程度上影响着企业格局。

在此，还要将传神助力企业发展的板块单独拿出。当前国家大力引导企业走出去，但是许多优秀的企业并不知道自己需要什么样的语言服务，甚至于不了解如何获取信息，对企业来说，等于在自身发展的道路上埋设着隐性而巨大的路障。于是传神的销售团队应运而生，为大企业量身定制语言服务，包括如何写招聘广告，如何与当地部门进行沟通等。翻译，已经不仅仅是一种语言沟通的工具，它更多的是同信息共享与决策执行紧密联系。换言之，我们学习一种语言，其实是接受一种文化，一种思维方式，这也很大程度上影响着企业格局。

“传神能走到今天，就是靠着不断的奋斗和创新。”彭总最后总结道，“我们的梦想是使传神作为中国的一张名片。”

结语

本文导语中的引文原指绘画者如果想要传递出意境，就必须在自我内心中加工之后再用手表达出来，达到形与心手相互呼应。即便最后呈现的作品不与实物完全相同，也可以具备其意境与精髓。

武汉传神亦是如此。一方面，翻译之时透过文字之形，为其注入翻译者的诚心与智慧，即便词汇没有一一对应，也可通过另一种优雅流畅的语言，传递出文字背后的文化意蕴。另一方面，武汉传神作为企业，渴望用科技引领行业变革，建立起庞大而紧密的研发、运营以及销售团队，配合世界各地百万译员，即便服务各异而多样，生动而有代表性的企业文化也得以形成，在行业树立榜样，为企业助力，打造中国名片。

翻译必要传神，创新不忘梦想，企业重以文化，才可行之坚定，行之传神。

翻译必要传神，创新不忘梦想，企业重以文化，才可行之坚定，行之传神。

奥绿新：

兄弟团队共创企业，机缘重要，领路人更重要

导语

存心方便，即称长者；虑事精详，即是能人。

——《围炉夜话》

电影《中国合伙人》讲述了三位毕业大学生联手创业，历经挫折后成就国内K12行业巨头的故事。在影片中，创业似乎是一件水到渠成的事，理所当然地功到自然成，然而在现实生活中，大学生团队创业可以用“千辛万苦”来形容，大学生创业存在着没有人脉、资金缺乏、人员流动性大等各种瓶颈，导致生存率很低，能经受住市场考验活下来的，都可谓“百里挑一”。而奥绿新团队不仅仅把大学生创业路径走通，

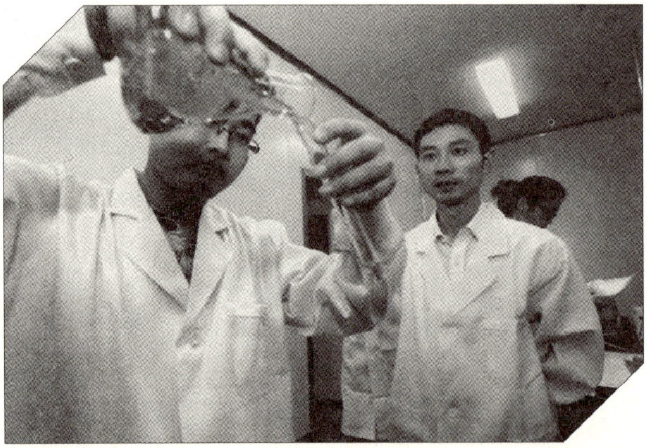

武汉奥绿新生物科技有限公司（下列简称奥绿新）是一家专注止血领域的医疗集团，成立于2012年。照片为创始人吴斌（右）在研发实验室查看工作情况。本文受访者为奥绿新创始人兼技术转化总监张锐。

而且创业近十年来，原团队15人中仍有11人留在奥绿新，继续为团队创造更多辉煌。

与绝大多数的创业团队不同，奥绿新的创始人始终保持着高度紧密的联系，感情之深厚堪称异姓兄弟，这在多人创业团队中十分少见，这一现象也激发了我对这个“异类”企业的好奇。在光谷创业军团中，脱胎于武汉大学的奥绿新正在不断闪耀着属于它的光芒，照耀着更多光谷的初创企业与武汉大学后来的莘莘学子。

兄弟情：复合背景造就强大引擎

在我的印象中，学医学生创业难度相对较大，不仅仅是因为专业知识繁多复杂，更是因为长期高强度学院式学习切断了学生们与社会的联系，从而降低了创业的欲望与勇气。但是在学校中也不乏培养学生创新创业能力的竞赛，竞赛的意义不仅仅在于筛选出合适的科研成果，还在于通过将市场竞争机制引入学校，从而筛选出适合创业的有志青年。

天南地北的学生们，在学习生活中不断精深自身知识与文化，在科研竞赛中积累起了团队精神与深厚的友谊。在大学期间，挑战杯是分量较重、科技含量较高、创新程度极高的一项赛事，在医学院和环资院的辅导支持下，以吴斌为首的学生们组成了赛事团体，专心研究行业前沿。最终，他们凭借专业素养和市场敏感，找到了医药市场的缺口——微创止血。

在目前国内与医疗创伤护理有关的项目中，一直存在着一个看似微不足道，其实影响甚广的痛点，那就是换药环节。患处换药，护理人员往往当作小事，不以为意，病人却要承受不小的疼痛，有时候还要承担感染的风险。吴斌团队不仅得到学院教师的专业辅导，并且获得浙江奥新集团的资助，从而快速成长，很快就研发出了第一款微创产品，成功地将医学与材料学结合在一起，找到了新的产品商机。

当时，团队中的大部分人都没有毕业，主体还是学生的奥绿新团队就这样走上了创业的道路。

创业过程艰辛，不仅仅离不开机遇的垂青，更重要的是，企业还需要有独特的创新基因——让内在的引擎强大。

创业过程艰辛，不仅仅离不开机遇的垂青，更重要的是，企业还需要有独特的创新基因——让内在的引擎强大，唯有如此才有可能在层出不穷的挑战与选择面前做出正确的选择。

首先，内在引擎之一是人才。团队中成员的才干或者才能，体现在研究的深度以及广度，深度和广度共同造就了企业或是个体的创新能力。医学专业知识深奥，外人或许难以罔议奥绿新团队的业务水平，但是他们在专业研究方面的广度分布合理，复合度高，团队成员配合良好，这是有目共睹的。

吴斌的创始团队中半数以上是医学专业，这保证了团队的专业性，这对于生物医药行业格外重要。更值得注意的是，其中还有市场营销、财务、金融、外语等专业的学生，占四成左右。其中还有一位医学方面的创始人在大学期间自学了材料科学与工程的相关知识，目前在中科院纳米研究所深造。

“医学＋经济＋材料”，丰富的全行业知识让奥绿新没有行业短板，不论是市场定位、产品研发，还是企业运营、市场营销等，奥绿新都有所长，真正做到了复合背景、全能团队。

其次，奥绿新团队创始人性格普遍较为外向，他们不仅仅是有才华的工科生，而且是在学生期间就能拉来赞助的市场型人才。上述的杭州奥新公司，就是在学生的才华和激情演说之下被打动的一家企业。

最后，武汉大学医学院拥有丰富而紧密的校友资源，众多的优秀校友不仅能够为学生创业提供资金帮助，而且能在关键时刻提出建设性意见。就如人福医疗科技的王学海总经理，就是武汉大学的客座教授，吴斌等人在他授课时展现出了才华与执行力，奥绿新团队的产品、团队获得了王学海董事长的认可，最终王董事长决定为奥绿新投资1000万元。注入了雄厚资本的奥绿新团队第一次尝到了成功的喜悦，自2003年入学以来，到2008年收到“第一桶金”，这五年内团队创始人逐渐从陌路人、普通同学转变为异姓兄弟，他们的感情在挑战中逐渐加深，他们的感情也化作了团队凝聚力，为奥绿新将来的产品研发打下了稳固的基础。

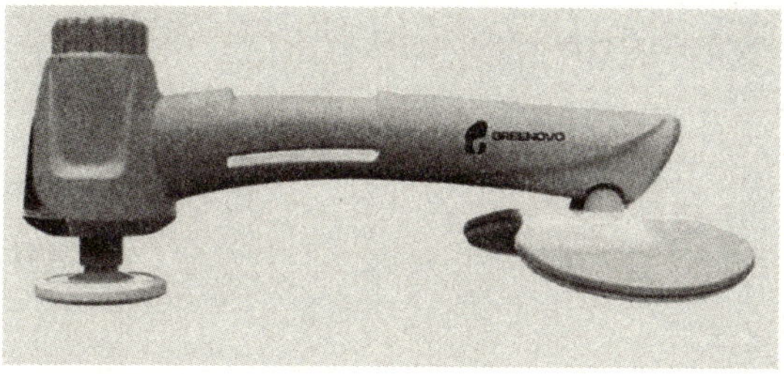

奥绿新的产品：股动脉介入止血套装（左）、桡动脉介入止血套装（右）

团队情：艰难挑战磨砺团队真情

随着奥绿新产品不断成熟，人福医药科技集团对于奥绿新团队越发重视，直至后来，王学海董事长甚至主张收购部分奥绿新的股份，打算长期扶植这个充满希望和生命力的新兴企业。

奥绿新也不负众望，自2007年以来，已经研发出多项拳头产品，还包括12项发明专利，在微创产品的设计与制造领域，奥绿新做到了独树一帜。

在普通制造业，产品从研发、设计再到上市，时间周期一般短则半年，长则一年。但是在生物医药领域，由于行业的重要性与国家的高标准严要求，医药从研发到获得许可证书，再到上市，周期一般在 2 ～ 4 年。奥绿新所生产的二类医药制品的最短上市周期就是两年。较长的上市周期，让奥绿新必须提前下手，保证在同行业其他企业之前将新产品推向市场。同时，较长的周期也会让企业的“神经”变得迟钝。一般来说，当市场发生较大变化之时，与市场紧密相连的企业反应速度较快，而生物医药企业在市场上转型则较为艰难。这种“转身之难”对于奥绿新而言是一个不小的挑战，这种挑战对外反映为产品上市难，对内反映在发工资难。

2007 年至 2009 年，奥绿新团队十余人几乎没有一个人领到工资，所有的资金都用于产品研发，所谓“好钢用在刀刃上”。奥绿新的每一位创始人都相信前期的付出是有效的，只有在做出可以在市场中立足的产品以后，才有资格领取属于自己的薪水。做人和创办企业的思路是相似的，所谓先苦后甜，只有前期共同经历过磨难，将来才有可能让内部更加团结。

企业情：靠谱 leader 重塑学生团队

从刚出大学校园的学生，到企业创始人，这其中转变的不仅仅是身份，还有自我认知与行为方式。

从刚出大学校园的学生，到企业创始人，这其中转变的不仅仅是身份，还有自我认知与行为方式。

在转变的过程中，人福集团在其中也起到了不小的作用，王学海董事长一方面对这群年轻人寄予厚望，期望他们能做出让世界惊艳的好产品；另一方面也在帮助他们适应着自身的创始人身份。

在大学校园里，奥绿新的创始人团体只是简简单单的项目化团队，团队内存在着管理职责不明确，责任推脱，甚至是拖延的情况。但是走出了大学校园，在社会和市场里求生存，要求更高，责任更重，如何克服上述毛病，摆脱陋习？这个问题需要一场“改革”。王董事长作为总设计师，为这十几位创始人量身制定了科学管理方案，让人才干实事、不再随心所欲，而是职业化地做事。

这一方案中最让我印象深刻的是创始人周例会制度。作为群体创始人，一个人的意见往往不能代表所有人，这时就需要会议将所有人的意见汇集起来，从而发挥群体的力量。这种民主化决策方式，一方面杜绝了“一言堂”存在的可能性、带来了民主的团队风气，另一方面也明确了每个人的权责。

结语

奥绿新团队的核心竞争力，正是源于他们的技术驱动。第一，在创业之初就明确了以材料加医疗为发展主要方向，新材料、新技术是奥绿新把握的突破口和企业发展命脉。第二，奥绿新位于光谷，创始人团队也均是武汉大学的毕业生，团队中来自武汉大学和华中科技大学的人才占据大多数。团队中高素质人才的占比越多，团队的执行力与效率通常会越高。第三，武汉大学的创业团队通常会带有武汉大学创业的基因，武大很强调将学生们培养为“T型人才”。“T 型人才”意味着人才知识领域有深度也有宽度。以现任 CEO 吴斌为例，他在武汉大学学习期间，不仅取得了临床医学硕士学位，还获得了市场营销的双学位。第四，做医药行业更需要严谨的精神与高精尖的技术，才能让民众放心，让自己安心。

“T 型人才”意味着人才知识领域有深度也有宽度。

奥绿新团队作为大学生创业团队，其成功如果要复制，首先得复制好团队的民主自由氛围。对于多数的团队创业而言，主要创始人的一家之言有时会引起团队中部分成员的反感。为了减少这种情况的发生就要将权力平均化。但是平均化不代表等同，以奥绿新为例，主创始人吴斌在例会中会与成员共同做出决策，但是在意见有分歧的时候，还是要有做出最终决定的人。比如在建造GMP厂房之初，团队中有不愿意以如此高规格建设厂房的声音，但是在最后，吴斌仍旧力排众议，愿意在个人承担全部决策责任的基础上推进GMP厂房的建设。在此后不久，国家就推出了关于GMP厂房建设的要求，该决策为奥绿新带来了可观的收益。这一事件不仅仅体现了吴斌做事的前瞻性，同时也提升了他的领导力。

容错可以拓展团队的创新边界，团队在面对创意的时候可以不畏惧尝试，做到“敢为人先”。

一个走得长久的团队，不仅需要良好的制度，更重要的是创始人伙伴之间的关系，群体关系的维持有时候比塑造强势个体更加重要。在书籍《群体的智慧》中提到，群体往往能做出最接近正确的决定。做出正确决策的前提是宽容曾经做出的错误决定，就是所谓的容错观。容错的作用体现在两点：第一，容错可以拓展团队的创新边界，团队在面对创意的时候可以不畏惧尝试，做到“敢为人先”。第二，容错是承担的代名词，面对风险企业需要勇敢承担起社会责任和企业内部责任，团队在承担的同时也无形中增强了内部凝聚力。

奥绿新团队的企业文化是：“严谨、沟通、宽容”，恰好与上述三点重合，这种文化引领和组织形式成为创业成功的重要保障。在创业环境蓬勃发展的今天，团体创业已经不再是一个禁忌，兄弟亲友联手组团创业也不再是创始人们的忌惮，只要在体制上有适当的调整，就可以保持企业的健康快速发展。

在访谈过程中，我们发现成功的团队创始人有四点共性：第一，观点多样性。每个人都有私下掌握的信息与各自的特长，在工作中能各司其职，将自己负责的部分做好。第二，个人独立性。创始人通常个性较强势，每个人的观点不会受周围的人的意见所左右，在决策中反应得十分明显。第三，分散化。认知的不同导致做出不同领域不同板块的推进决策，这让企业从单点发展升级为全方面发展，让企业的运作更加科学、平稳。第四，机制集中化。这种使得个体判断转变为集体决策的机制有效地让所有人有条不紊地进入各自的角色，做出相应的决定。

在奥绿新的成长过程中，我们会发现合适的引路人对于团队的发展至关重要，尤其是引路人的眼光、见识和资源整合能力。同时，在团队的发展中，人才队伍的多样性和配合十分重要，不仅要在专业上有所长，还要做到复合，才有可能打造出一流团队。

领普科技：
创业“三观”新解

导语

文律运周，日新其业。变则其久，通则不乏。趋时必果，乘机无怯。望今制奇，参古定法。

——《通变赞》

“屌丝”到底有多可悲？社会主义到底解放了谁的生产力？任何问题的本质是否都能归于某一点？对于这些问题，你的答案是什么呢？看似几个八竿子打不着的话题，跨越经济学、社会学、哲学多个领域，却都融合在了此次

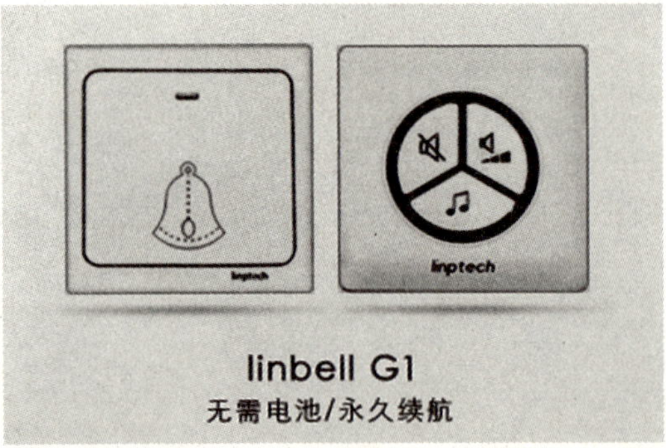

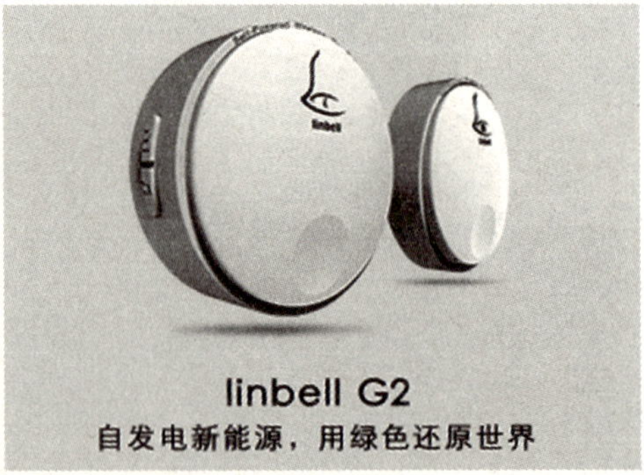

武汉领普科技有限公司（简称领普科技）致力于微能量采集和动能发电核心技术的研究，是一家专业研发和生产无线门铃，无线开关和自发电模块的高科技企业。本文受访者为领普科技创始人总经理覃珩。照片为领普科技的产品自发电无线门铃（左）、智能墙壁开关（右）。

对武汉领普科技有限公司的访谈中。而执着于踏实做事、持续学习的领普科技总经理覃珩，当之无愧地成了众多受访企业家中最为风趣、观点最为独到之人。

创业观：创业没有那么高大上

十六岁从农村出来，到武汉读了三年技校，然后去酒厂做机械工作。再后来把自己关在屋子里面“闭关”半年，考上了武汉大学法学院成人教育学院继续学习，而后辗转通信、机械等多个领域，最终同志同道合的合伙人一同创办领普科技。正是由于有这份从基层开始，艰难曲折却一步一个脚印的奋斗历程，许多观点从覃总口中说出，总是风趣、朴素而又能给人以启迪。

领普，顾名思义，领引科技，普惠大众。他讲道，“就是希望给咱们老百姓做一点实实在在的产品”。成事之关键，便是明确地知道企业自身有什么价值，能给别人创造什么价值。所谓创业情怀，与其说是情怀，大多数时候都不过是一种商业属性罢了，真正的内在是创造价值。做商业，不能只想着如何能用最短的时间赚最多的钱，若是如此，便没有了引领风尚、百年延绵。

做商业，不能只想着如何能用最短的时间赚最多的钱，若是如此，便没有了引领风尚、百年延绵。

覃总常说的商业原则是：“人无我有，人有我优，那人优呢，人优我贱嘛。别人卖五千六千，你想方设法卖得更便宜。”这个观点是他儿时在杂货店，从老板跟母亲的聊天中听到的。还有其他的观点，例如“人优我转”“人优我变”“人优我更优”等，这些都属于不同的商业行为。创新就是要找新的蓝海，追逐蓝海便是追逐创新，这个过程是周而复始的，是持续的过程。所谓蓝海，就是用尽量少的资源投入赚更多的钱。情怀和商业统一起来其实挺难。

创新就是要找新的蓝海，追逐蓝海便是追逐创新，这个过程是周而复始的，是持续的过程。所谓蓝海，就是用尽量少的资源投入赚更多的钱。情怀和商业统一起来其实挺难。

“干啥都是一样的，比如把地种好，其实也很难。”我自嘲世界上没有诗和远方，只有甲方。

们常常调侃工作的辛苦和无奈，时不时像狗一样加班，自嘲世界上没有诗和远方，只有甲方。殊不知对于创业者来说，创业过程需要更强大的毅力支撑。他却笑谈，“不管是企业家还是上班族，辛苦很正常，因为你想赚钱，不需要把旗子举得老高。如果想赚更多的钱，就应该比别人更苦。”因而领普的企业文化，也不同于一些摇旗呐喊明面标榜的营销公司，而是身体力行地做好每一件小事，处理好每一个细节。在他看来，创业二字并不是什么高大上的词汇，没有直接嫁接在类似于“苦难辉煌”的思维链条。所有工作过程中经受的身心折磨，都是成长过程中的必经之路。

苦难是不能主导你的，它是在帮你淘汰，淘汰掉那些意志力不坚定的人。

那公司成立之时，最苦的是什么？是方兴未艾之时，一切都要靠现有员工的能力来填补企业智力资源的空缺。第一次创业时“没有技术人员，但是这个市场有订单，那怎么办，只能自己上。但是自己又不懂，只能到处找书看”。那时的互联网不同于如今的便捷时代，往往需要长时间的拨号才能连接，并且能获取信息的渠道相当有限。但是，正如他所说，“苦难是不能主导你的，它是在帮你淘汰，淘汰掉那些意志力不坚定的人。”

因此，苦难对所有人都是公平的。惠普全球副总裁孙振耀也有类似的表达：逆境，是上帝帮你淘汰竞争者的地方。要知道，你坚持不下去，别人也一样，千万不要告诉别人你坚持不住了，那只能让别人获得坚持的信心。让竞争者看着你微笑的面孔，失去信心，退出比赛。胜利属于那些有耐心、有耐力的人。

社会观：无知真可怕，但无知又无畏

“没有文化真的很可怕，我到了武大之后才知道，原来学位还分本科、研究生和博士，我以前只知道校园里有老师和学生。这真不是笑话，这是真话。”他讲得一本正经，而我们笑过之后仔细想想，生活中的自己也往往如此，局限于原本的教育体系中，而没有打破自己固有的温室获取成长的定势。

“人的无知相当可怕！而更可悲的事情是，无知者还无畏。”无知无畏者固然有初生牛犊不怕虎的朝气和勇气，但更大的概率，却是成为井底之蛙，妄自尊大。在不明晰自己的目标或是定位之时，我们需要的不是通过有效率而无效果的信息填充自己，而是至深至诚的思考和学习。人与人之间尽管在各类科技产品的支持下获得了相对平等的信息获取渠道，但是依据思维交流内容来划分的社会结构层级，在精神层面也不会被隐藏。例如曾经的同学或是朋友，随着时间的流逝，变得难以交流和沟通，甚至中断了联系，并不一定是有意为之，只是生活环境、工作节奏等因素的作用下，人们的思想间隔越来越远。因为相互间没有了共同语言，慢慢地出现了隔离，就成了阶层。而那些持续学习的人，最终成了社会的精英。最佳的状态是：在无知无畏的勇气下不断地学习和修正自己的错误。

人与人之间尽管在各类科技产品的支持下获得了相对平等的信息获取渠道，但是依据思维交流内容来划分的社会结构层级，在精神层面也不会被隐藏。

中国改革开放的最大成效是解放了生产力。解放了谁的生产力呢？个人认为最重要的是解放了资本市场和人们的智慧并让他们二者相结合。资本和优秀人才相结合，极大地推动了社会的发展。我非常看好中国的未来，一定会成为地球最强大的国家。

时代观：这个时代真的太好了

所有的问题根本原因都是什么呢？是人性，人性的贪婪是天然存在的，一方面促使我们不断前进，另一方面，任何满足人性的产品和服务都会成为商业成功的基础。所以所谓刚需，就是满足人性的需求。如果人类未来能克服

只有不断克服人性弱点的人，才能拥有更宽阔的眼界和胸怀，才能走得更快更远。

企业家的胸怀够不够大很重要，如果他内心只能装两个人，企业就只能做两个人的生意。但是如果他的内心能装下整个世界，那么企业就可以做世界的生意。

死亡，到那时，人们只会在意体验快感的时候。当人眼变成摄像头一样的传感器，意识、记忆等所有的东西能被存储和转移时，我们只会在意体验快乐。无论时代怎么发展，人性本身变不了，这是物种亿万年来积累形成的。因此，“人性”，成了社会一切问题的渊薮，也正是如此，才需要人们不断学习充实自己。只有不断克服人性弱点的人，才能拥有更宽阔的眼界和胸怀，才能走得更快更远。做企业尤其如此，企业家的胸怀够不够大很重要，如果他内心只能装两个人，企业就只能做两个人的生意。但是如果他的内心能装下整个世界，那么企业就可以做世界的生意。虽然这样说挺简单，实现起来却无比艰难，所以成功的人总是少数。

当被请求将他所强调的学习能力进行具体化时，他解释道，“我的学习能力不是体现在我学得快或慢，而是专注，专注于解决问题。别人花几个小时把问题解决之后就把它丢到一边，我可能花个五六天，但是没关系，我会用它再解决下一个问题。”这便是我们常说的迁移运用，在知识、技能、态度和行为规范的学习中，要自主地将已有知识经验、技能、态度等方面相互融会贯通。因而迁移是学习的继续和巩固，又是提高和深化学习的条件，学习与迁移不可分割。

访谈过程中，他一直在强调一句话，“这个时代真的是太好了”。他说自己长这么大，从来都不知道有这么好的事情，你自己创业还有人给你砸钱。所以拿到第一笔融资的时候，他欢呼雀跃，并由此坚信，只要你有能力，或是只要你觉得你可以证明自己具有如此的潜力，一定会有资本资助，筑梦个人或者企业的发展。

关于回武汉创业，他提到“10 年前我就认为在华科以南的地方，一定会成长出世界级的企业，并且这样的企业也一定是民营企业。因此 2012 年举家搬迁到光谷，就是为了追逐这个梦想而来的。目前来看，这个趋势越来越明显。”知识和市场的结合，加上脚踏实地的勤奋工作，这几个充分条件都是武汉光谷这个地方（这块土壤）的独特之处。他对此深信不疑，也因为参与其中而自豪和兴奋。“互联网、物联网给了我们巨大的时代机遇，我身处其中，特别高兴。无论成败，都会因为拼过、努力过、奋斗过、也奉献过而自豪，所以无悔。”

结语

刘勰的《通变第二十九》，从“通”和“变”的辩证关系来论述文学的继承与革新不可偏废，即文学创作应继承确定的原理，革新无定的方法。创业亦是如此，要集成已有信息，明晰自己在行业中的定位，摆正心态，遵循事物本质的规律，进行生产商品或者服务。偶然性是由必然性产生的，通常也是时代的选择。

高速发展的社会，每天都有不计其数的企业萌芽，或是发展壮大，就如同写作的法则运转不停，日日都有新的文学成就。因而我们只有持续学习适应变化，才能使得创新的效果更加持久，或是创新效果更加显著。适应时代要求必须果断，抓住时机不可胆怯。

总而言之，温故而知新，而不是屡教不改地犯同一个错误，从而不断嫁接起合理的知识结构思维模式，跻身精英之列。

绿色网络：
因为专注，所以强大

导语

无专精则不能成，无涉猎则不能通也。

——梁启超

近年来，随着互联网的广泛应用，网络安全问题频出，如徐玉玉电信诈骗事件、雅虎5亿用户资料被窃事件等。互联网在给人们生产生活带来便利的同时，也带来了极大的隐患，因此网络安全越来越受到人们的重视。

武汉绿色网络信息服务有限责任公司（简称武汉绿网），创立于2003年，专注于基于X86的高性能网络包处理领域，是一家立足提供电信级应用层网络设备解决方案的高新技术企业。公司总部坐落于素有“中国光谷”之称的武汉东湖高新技术开发区光谷软件园，全国设有30个分支机构。本次访谈对象为绿网创始人兼CEO叶志钢（见照片）。

创立于2003年，至今已走过十余年风雨历程的武汉绿色网络信息服务有限责任公司（以下简称绿网）就是一家专注于网络安全的公司。作为一家以核心技术为主导的民营企业，绿网获得了工信部电信设备进网许可、公安部计算机信息系统安全专用产品销售许可等多个行业资深认证资质，并凭借自身实力于 2016 年首次进入国家网络安全市场。近五年来，绿网每年保持 50% 以上的复合增长率，并且这个增长势头还将继续。是什么原因让一个小企业迅速成长、崛起的呢？

创业，就是认准方向往前走

没有外企工作经验，也没有研发经验，只是出于对技术的狂热爱好，绿网创始人叶志钢在第一个网络泡沫末期创办了绿网。

在创办初期，他提出了“四不”原则：技术太简单或太难的不做，市场太小或太大的不做。即他人能轻易搞定的没有竞争力的技术，绿网不做；技术难度过大、研发时间过长的，绿网不做；市场太小不能养活自身或市场太大不能凸显自身竞争优势的绿网也不做。正是基于这个原则，绿网选定了符合自身标准的发展大方向——深度包检测（DPI）。这个方向符合绿网对市场的预期，同时有相对高的技术门槛，但绿网又能跨过这个门槛。

技术太简单或太难的不做，市场太小或太大的不做。

叶总说：“之所以选择这个方向，还因为它属于互联网基础设施的一部分，不管互联网上哪个火，不管是斗鱼、滴滴还是摩拜，都需要互联网基础设施。像绿网在 2012 年成功中标上海电信 2012 年 IP 城域精细化管理项目，迄今为止这个案例依然是全球最大的 X86 DPI 串联网络案例。‘全球最大’并不难理解，当时上海有五百万宽带用户，实际上网人数超千万，而北美第二大城市洛杉矶也不过 150 万人。因为中国网民多，所以我们有市场。”随着自身的技术实力不断增强，绿网的市场比预期大了几个数量级。

“像我们这样的企业，可能没市场，没资金，甚至一开始连技术也没有，但一定要选对一个方向，然后把能投入的所有资源都投入进去，死磕到底，形成自己的核心技术”，叶总如是说。

绿网秉承“因为专注，所以强大”的开发理念，致力于成为智能化网络设备和服务的领导者。比起大多数大公司创新能力不足的问题，绿网把全部力量聚焦在 DPI 这一个点上，形成巨大的压强，因此在 DPI 领域取得了骄人的业绩。如今，绿网在 DPI 领域是中国电信的第一大供应商，是中国移动的第三大供应商，与工信部安全中心也有合作。

2017 年 2 月 13 日，绿网参加美国旧金山莫斯康恩会展中心信息安全大会（RSA）

绿网一直专注于技术这点始终不变，包括技术的前瞻性。绿网会考虑中国甚至全球在这个行业的技术发展方向，可能这些技术绿网目前并没有掌握，但会提前布局，当这个技术在市场上火起来的时候，绿网已经酝酿了两三年甚至更久，一些公司当即着手做是赶不上的。这就相当于一场技术发展的马拉松，绿网提前开跑，确保始终保持领先优势。叶总说：“技术要提前储备，就要做到肚子里吞下去一块，嘴里含着一块，筷子上夹一块，眼睛里看一块，脑子里还要想一块。现在绿网真正做的是吃进肚子里的这块肉的消化问题，但脑子里想的那块肉更有意思。”

技术要提前储备，就要做到肚子里吞下去一块，嘴里含着一块，筷子上夹一块，眼睛里看一块，脑子里还要想一块。

我们最重要的是跑赢竞争者，叶总说，绿网已经在 DPI 领域积累了很多年，原来在赛道上一起奔跑的竞争者已经退出了。可能当时有些公司比绿网强，但绿网坚持跑到了现在。

创业，就是和企业一起成长

条纹T恤加西裤，简单随性的着装，掩盖不了技术型男的气质，透过眼神你能看到叶总的执着和真诚。

谈起创业初期，叶总说，那时办公区域还没装修好，他便让师傅把财务室先隔出来，他就在里面敲代码，哪管旁边叮叮当当的装修声。然而质疑声从未减少，身边的朋友都说，你做的这个只要华为想做，你就没有立足之地。当华为渐渐退出这个领域、绿网慢慢做出了一些成绩后，人们会认可绿网，而选择性地遗忘之前的质疑。但当绿网又要进行下一轮创新时，新的质疑又迎面而来了。创业从来不是一件易事，问题总是不断出现，不只是创业初期难，从某种程度上说，只会越来越难。不断出现新的问题，不断解决问题，需要极强的学习能力。

创业从来不是一件易事，问题总是不断出现，不只是创业初期难，从某种程度上说，只会越来越难。

在访谈过程中，叶总不止一次表达了对“硅谷钢铁侠”马斯克的崇拜之情，从PayPal到特斯拉、Space X、太阳城，他对其创业历程如数家珍。他说：“当然，马斯克受到的质疑更多。”他总结马斯克取得成功的原因：一是马斯克自身的天赋；二是得益于硅谷良好的创业环境；再加上一个原因，那就是学习能力极强。马斯克在决定做火箭之前，做的是软件相关的行业，对火箭这个硬件行业不甚了解，但在很短的一段时间内，他能独立计算出制造一艘火箭的成本，这令当时在场的人很是吃惊，由此可以看出马斯克的学习能力极强。

叶总也是如此。绿网花了十年时间解决核心技术问题，又花了两三年把市场从无到有建立了起来，也建立了市场方面的人才队伍，后来发现资金又是个问题，因此又花了一两年进行资本运作，解决了股权融资问题，现在又在解决债券融资问题。绿网就是面临问题，解决问题，并在这个过程中不断进步。如今，绿网经历了从主攻技术，到市场、人才队伍，再到资金的转变，这些都是为技术服务的。他作为一个技术出身的领导者，始终和绿网一起成长，坚持以技术立品牌，花时间心血开拓市场、组建人才队伍，摸清融资的门路，他从未停止学习。

叶总信奉“一万小时定律”，当被问及是不是所有信奉该定律的人都能成功时，他说，其实“一万小时定律”里包含了试错的成本，可能真正有用的只有一千小时，甚至短短的一百小时，但大方向一定要正确。要聚焦在一个点上，尽量做到有效积累。

和马斯克一样的对科技近乎疯狂的专注，加之不断学习，成就了绿网，也成就了叶志钢。

结语

叶总称绿网是草根企业，绿网能够“春风吹又生”，得以存活到现在，其奥秘在于绿网坚持以技术创品牌，又在这过程中加上市场、人才、资金等的辅助，即所谓“无专精则不能成，无涉猎则不能通也”。当绿网再探出头时，发现昔日的竞争者多数不见了踪影，绿网由此获得了更大的发展空间。让数据无忧，让应用恒久，让一切放心在线，绿网一直在路上。

无专精则不能成，无涉猎则不能通也。

中英融贯资讯：

以独创“品销云”助力企业“互联网 +”

导语

功崇惟志，业广惟勤。

——《尚书·周书》

中英融贯公司 CEO，武汉伢陈晓峻，当时已在跨国公司身居高位。是什么让他在 2010 年 10 月毅然决然地放弃年薪百万的总裁职位，回到家乡武汉“从头再来”？是什么努力和付出让他得以创立了如今各大名企争相合作的对象——中英融贯资讯（武汉）有限公司？一切的好奇在下文中都会得到解答。

中英融贯资讯（武汉）有限公司（简称中英融贯或融贯）成立于 2010 年，致力于互联网产业营销生态圈打造，提供电子商务、互动营销、文化公关、商业地产及金融信息服务。图为本次访谈对象——中英融贯 CEO 陈晓峻。

中英融贯如何融会贯通

公司名字蕴含了创始人陈晓峻的个人经历，他希望能将中英两国的不同文化融会贯通，“Rogrand”这个英文标志的“R”中隐约透出陈晓峻的侧脸剪影。从初创 20 人的团队，到拥有 5 家子公司、35 项自主知识产权、先努力做好一件事，更多的机会自然会来。

500 人团队的集团化企业、国家高新技术企业，融贯仅用了 6 年。正如陈晓峻所说“先努力做好一件事，更多的机会自然会来”。

众所周知，一本 200 多页厚的时尚杂志内容丰富，但其定版过程非常繁复。首先需要将每个部门负责制作的杂志页码集中起来，编辑们要从内容、广告等多方面综合考虑页面顺序，然后不断调整页码顺序，直至符合出版标准。时尚杂志更新速度快，讯息需要以最快的速度传递到读者处，然而此前缺乏信息技术手段的辅助，厚厚的一本时尚杂志每做一次排版，至少需要 2 ～ 3 天的流程。当时，国际媒体公司赫斯特国际集团旗下的 ELLE 主编找到陈晓峻，希望他能开发一种软件减轻编辑部的工作量。于是陈晓峻和公司团队开发出了“排版墙”，这是一面用 8 个 50 多寸的多点触控屏拼成的电子墙，杂志所有等待排序的页面的电子版上投印在电子排版墙上，编辑们用手就可以拖拽、翻页。这样一来，整个排版流程缩短到仅需半天。这一成功案例为融贯公司在业内打响了知名度，开拓了之后的业务渠道。

品销云如何独占鳌头

2016 年，B2C 电子商务市场新零售转型呈现高增长趋势，融贯资讯敏锐嗅到市场变动，充分发挥公司在整合营销、电子商务、移动互联和大数据等领域的协同效应，如今的融贯已成为大型企业和组织提供品牌管理与营销服务的专业企业。

融贯公司首创“品销云”，即品牌公关加互动营销，帮助传统企业实现互联网商业模式的转化。从战略的制定到方案的实现再到最后为企业实现创收的一系列工作，均由融贯公司协助执行。“一站式整合智能营销云平台”提供垂直行业化的整合解决方案、数据监测、多渠道用户数据整合、开发营销应用。通过社交、活动、营销工具、电商、智能推、DMP 数据管理、数据监控、广告接入等方式，从而实现数字营销生态系统的覆盖。通过“品销云”体系帮助企业打通用户数据，精细化用户画像与用户分组，利用多渠道精准定制信息推送提高用户黏性，有效激励客户参与营销过程，带来更多精准的潜在客户，极大提高用户购买转化率。除此以外，公司还主要将服务视角集中在家电产品企业上。家电品牌公司除了自己的直营店以外，更多需要将产品投放到家电卖场或是互联网电商平台上销售，因此很多时候这些家电公司缺乏用户信息的反馈，很难制定下一步的宣传和销售计划。融贯公司运用自身的“Mars+”大数据平台，为家电公司进行战略方案的制订。在诸如电商的“双十一”“家电节”上，为海尔、三星、海信等国内外知名家电公司提供精准营销的服务，使这些企业在营收上有了质的飞跃。

海尔集团是融贯公司的客户之一。自 2014 年起为海尔服务至今，公司通过全网全渠道运营（京东、天猫、苏宁易购、国美在线、海尔商城等），以用户交互为起点，全流程地为海尔量身定制年度策略、品牌规划、产品策略、活动策划、运营推广、设计文案、电商平台对接……融贯为海尔提供了从业务流程梳理、系统搭建到平台开发以及初期运营服务，助力海尔在新零售时代更加灵活地制造及营销。2016 年海尔洗衣机电商销售达 45

2015 年 11 月 8 日，融贯资讯与光谷人才基金正式签订投资意向书，获光谷人才基金千万级投资。

亿元，到了2017年，其洗衣机电商任务额达70亿元（其中1—5月份京东海尔洗衣机增幅200%，远超京东平台60%的同比增幅），这些成果巩固了融贯公司在业界的口碑，提升了公司的品牌形象，转型成功后的中英融贯公司源源不断地收到来自海内外的服务需求。

陈晓峻如何敢为人先

1995年只身赴英国留学，2000年进入全英排名第四的华威大学学习电子通信工程，四年后他进入世界500强的林德气体英国有限公司，这是他人生中的第一份工作。不断追求进步的他继续深造，在2006年取得华威大学商学院的信息与工商管理硕士。2008年，他在微软英国公司成了首席架构师，在职场上已经崭露头角的他，2010年转而投身于赛技软件集团并出任该集团的亚太区总裁……

公司的员工评价陈晓峻时说，“他是典型的天蝎座，是个工作狂”“他对事情很执着，怀着一颗赤子之心”“他让公司有了情怀”“坚持、有韧性”。

从公司创立到现在7年来，他都完全没有过怠慢的时候，全公司的每个人都必须不断学习，适应新的需求，“很累，很辛苦”，陈晓峻说。但正是这种不甘人后，不服输和良好的心态才使得融贯公司“在折腾中不断发展”。

越来越多的激励政策，鼓励成功宽容失败的创业氛围，是我们成长的土壤。

自主创新要从本土培育。“越来越多的激励政策，鼓励成功宽容失败的创业氛围，是我们成长的土壤”，选择武汉光谷作为企业生根之处，陈晓峻说，一方面自己是武汉人，但最主要的是武汉这个城市有年轻人成长的空间和机会。在没创立融贯公司前，陈晓峻已经是跨国公司高管，可观的收入让人艳羡，但长期在技术岗位上工作的陈晓峻意识到，作为一名华人，在这些大型跨国公司工作，即便做得再出色，也难以进入管理决策层，由此萌生了自己创业的念头。在享受安逸生活和开创属于自己事业两者中，陈晓峻果断选择了后者。正如武汉精神“敢为人先”那样，陈晓峻说现在的这一切，都是折腾出来的，“不寻找，不碰撞，就永远不知道下一步会做到什么”。他笑着说，把青春放在武汉，是自己最满意的决定。

不寻找，不碰撞，就永远不知道下一步会做到什么。

结语

理想指引人生方向，信念决定事业成败。陈晓峻勇于拼搏，敢为人先。正是他这种坚韧不拔、锐意进取的精神，让中英融贯在业界广受赞誉。这个以创新为导向的科技化信息公司，将在不断的技术革新中，走向充满希望的未来。

苍穹电子：
以技术立身，以用户为本

导语

当我向客户描述问题的时候，我常常使用一个比喻来形容用户体验开发过程：它是一场“马拉松”而不是“短跑”。了解你所参加的比赛类型，才能用适合的方式去参赛。

——Jesse James Garrett

武汉苍穹电子仪器有限公司（简称苍穹电子）成立于 2013 年 12 月，隶属于苍穹数码技术股份有限公司，专注于 GNSS 核心技术研发和应用。照片为苍穹电子参加“2017 中国测绘地理信息技术装备展览会”。本文访谈对象为苍穹电子总经理张玉华

“出口人才，进口产品”，这是国内许多行业多年的遗憾，而在 GNSS 领域更是如此。国内生产 GNSS 产品，很多核心器件依然需要依靠进口，依靠低价格和本土优势获得生存，然而在国外从事 GNSS 领域的人才却大部分来自中国，这是特定时期和市场的作用使然，也是必须改变的局面。武汉苍穹电子，作为北京苍穹数码在硬件领域里的延伸，在成立之初就以 GNSS 产品国产化为己任，以用户为依归推动技术创新。

企业的发展追求的绝不只是生存，而是着眼于行业的核心问题做出自己的贡献，实现社会价值。苍穹电子从2013年落户武汉，从零开始组建团队发展至今，也正是因为拥有更辽阔的视野，拥有对用户使用体验更为深刻的理解，成了GNSS领域里的黑马。

企业的发展追求的绝不只是生存，而是着眼于行业的核心问题做出自己的贡献，实现社会价值。

融合，以软硬一体为基

武汉这个城市，对于中国地理信息（地信）产业有着特殊的意义。全国乃至世界的许多重要地信人才，都源自武汉。武汉大学的测绘学科大师云集，武测的核心算法在国际上都是领先的，再加上地质大学、华中科技大学、武汉理工大学和中科院测地所等高校和研究院，使得武汉相较于其他城市，拥有得天独厚的技术资源和人才优势。所以当2013年武汉贾书记到北京招商引资时，北京苍穹数码也十分有意愿，一拍即合，12月份在武汉注册全资子公司，成立武汉苍穹电子仪器有限公司，研发和生产高精度GNSS产品。

北京苍穹数码从2001年开始就致力于地信产业，深入研究地理信息系统、遥感及航空摄影测量、卫星导航等领域的底层技术，开发相关软件，打造地理信息平台，为国土、水利、林业、农业、市政规划、环保、房产等领域提供从野外数据采集到业内数据整理的一套完整的解决方案。十二年的行业应用积累，苍穹越加认识到前端数据采集的至关重要性。在野外采集数据时，用户耗费几十万元购买设备，却只能得到一些精确的坐标点，没有从根本上提高工作效率，如果遇到地质灾害，发生位移或者形变，设备就报废了，而通常在灾害点周围多个方向都需要安置设备，使得成本非常高。数据是血液，它的准确度和精确度是实现正确决策的基础，但数据的采集成本居高不下。

因此，武汉苍穹电子的成立最迫切的就是要降低数据采集成本，提高数据精度和准确度。

国产的数据采集设备成本低，但质量差；进口设备质量高，同时价格也高。想要从根本上降低成本、提高精度，就必须国产化，而这也是GNSS产业一直以来的痛点。当前国内的核心元器件都是进口的，很多国际军转民用的技术与器件还有门槛，不能轻易获得。苍穹数码一直在开发国产平台，苍穹电子也致力于硬件的国产化，从产品外围到产品内核逐步深入。最难的是导航芯片的国产化，投入大，周期长，但许多同行都在共同努力，一些高校和研究院也在致力于实现芯片的国产化，这是共同的长期目标。

现在，苍穹电子凭借自主研发能力，已经能够将价格为十几万元的测绘装备降到3万～5万元，并且测量精度更高，既供应国内市场也销往海外。就公司整体而言，也实现了“软硬件一体化，内外业一体化”的目标。GNSS的行业应用不是简单的测点坐标，而是与数据库、业务流程等GIS相关联，二者的融合为用户提供从外业到内业一体的系统解决方案，二者的融合也已是当下国际市场的趋势，是苍穹电子的顺势而为。

赶超，以技术创新为要

在国内GNSS以价格低廉获取市场以求生存的背景下，苍穹电子成立时就明确要以技术立身，平均每年推出三款产品，适用于不同操作系统和不同应用场景，既有适合短距离可放在口袋里的轻便型产品，也有桥坝型产品，还有适合军方使用的高精度产品等。2015年获得高新技术企业认定和制造计量器具许可证；2016年公司发展加速，取得10项产品著作权和9项专利权，还推出了用于无人机上的两款测绘产品，在技术上超前同行至少一年时间。

在2015年国家开展农经权调查时，苍穹电子把握住了机会。在对每家农户所承包的地块进行调查时，以县为例，整个航飞投入在四五百万元，有的县达上千万元，使用无人机后，可以降低对天气的要求，一个县可以在3到5天内飞完，但是无人机拍下的照片如何整合成完整大图，如何与现实情况匹配则是一个工作量巨大且极其繁复的任务。传统做法是拍摄大量照片后，到实地找到照片上的特征点，测出坐标位置。一张照片至少测五个特征点，7千张照片就是3万多个点，数据得跑3到6个月的时间，时间长，精度也不高。所以在农经权项目启动后，如何处理无人机拍摄的数据就成为难题。此时，如果能够将苍穹电子的高精度差分定位设备应用在无人机上，难题可迎刃而解。设备能够高精度接受卫星的坐标，将它放在无人机上，就能得到无人机每时每刻所在的位置，将其与所拍的照片进行连接，可以自动和照片上的每一个坐标匹配，用这样的方式处理，就可以不必跑外业，将外业的两百万元级费用减少到只要几万元的成本。所以这个产品一经推出，无论是有测绘需求的甲方还是乙方的测绘院和测绘公司，都非常喜欢。

无人机本身体量小，一些飞机的载重只有500g，还需要携带相机，所以整个产品的质量必须控制在100g内，在这100g内，还需要考虑散热问题，所以产品对材质和工艺水平要求极高。当大部分厂商还在生产传统设备时，80%以上的无人机在出厂时就选择装配苍穹的产品。到了2016年10月，开始有厂商模仿，仿品虽然价格低，但不能真正解决精度问题。一些产商为了提高精度，产品使用时需要在地面架设基站，这使无人机飞行范围受限，超过范围的数据就是无用的。第一个做出产品的人，就是拟定标准的人。苍穹电子做出无人机测绘产品后，其他

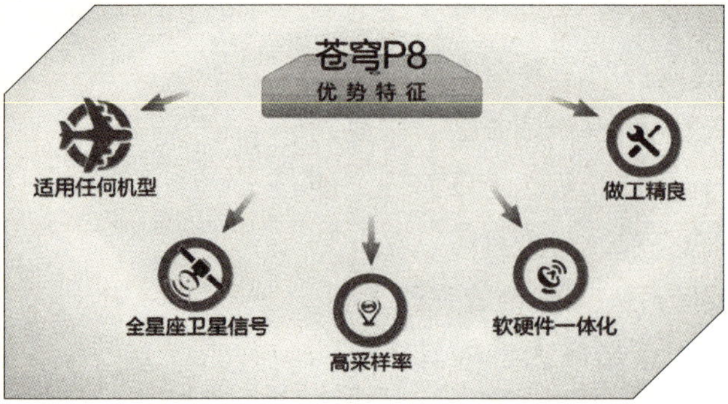

苍穹高精度机载 GNSS 数据采集接收机 P8 系列优势特征

企业想要超越，都只能在这个标准下精进，在技术的创新应用上，苍穹电子比同行领先了一年左右的时间。与此同时，苍穹电子还推出快拼技术，是介于消费和工业之间的产品。一方面是面对灾区的应用场景，当灾害发生时，需要在最短的时间了解灾区全貌，“快拼小超人”可以在几分钟内拼成大图，达到地面上 0.2 m 的精度，地面的井盖都能看清楚，可以在灾区救援时做到精准投放，快速辅助决策。而在此之前，国内都是采用进口软件解决快速拼图难题。另一方面是面向无人机爱好者，可以在短时间内拼出大图，做成三维立体图。面对卫星信号不好的场景，苍穹电子还计划在产品上加上惯导技术，全面提高精度。

技术立身的根本，是对用户需求的深刻理解。

独立的产品只能解决单一的问题，面对用户在应用时的各种复杂场景，苍穹电子将推出组合拳，与苍穹数码的软件与电子信息平台匹配，通过硬件产品进行组合，用户不再需要为解决一个问题而购买多家企业产品，即可以在苍穹一站式得到解决。技术立身的根本，是对用户需求的深刻理解。

洞察，以用户体验为本

作为工业品，还是在户外使用，它的每一个细节都需要非常精细的设计和打磨。户外的日晒雨淋，对材料要求很高，苍穹电子产品的材料是从德国拜耳公司进口的，采用飞机上的镁合金进行制造，质量轻，散热好，外观也好看。产品上的不同颜色橡胶处的接口采用双色模，使接口处找不到细缝，这样的模具价格比普通模具要贵出几十万元。在产品的按键、灯光、开启提示音、产品屏幕显示等关乎用户体验的方面，苍穹电子都力求自己来调试，做到最好。

对用户体验的高度重视和用户需求的深刻洞察，可以说是苍穹电子总经理张玉华之所以能够成功地引领企业走到今天的根本原因。张总武测背景，主攻地信软件与平台，在总公司也主管研发市场，但对 GNSS 的硬件技术事前了解有限，只身一人来到武汉组建苍穹电子，筹备团队，对于张总而言，绝对是全新的挑战。一开始，连该招什么样的人去哪儿招心里都是不明确的，但是市场是最好的老师，张总像小学生一样从零开始学习，自己对技术不懂，但是可以发挥了解市场的长处，组建好团队后，一直都保持一种开放的态度，制定目标提出需求，剩下的，放手让团队自己发挥，而团队给出的结果，常常都能超出预期，让人惊喜。

作为工业品，相对于消费品迭代更慢，生产规模小，质量要求却很高。在前期找合作厂商时困难重重。工业型产品一年整个行业的产量不到 5 万台，分摊到每一家企业就更少了，面对这么小的产量和高质量的要求，很多厂商不愿意合作。为了保证产品质量和稳定供应，张总不得不一遍遍地飞往深圳争取合作。现在，苍穹电子已建成防静电（无尘）生产车间，安装了两条柔性生产装配线，负责硬件研发、设计和组装，深圳富士康等工厂负责代工。

组建团队、寻求合作产商，开拓市场，实现产品的快速迭代，要走好每一步都不容易。苍穹电子像是一个正走向独立、走向成熟的孩子，从依靠总公司多年的行业经验和技术积累为依托，到现在取得了傲人成绩，成为 GNSS 里的黑马。面对这些成就，张总总结道："重要的是你的

重要的是你的用户想要什么，而不是你想做什么、你的同行在做什么，一切要从用户出发。

用户想要什么，而不是你想做什么、你的同行在做什么，一切要从用户出发。”

结语

细节决定成败，对于工业品而言也是如此，产品的设计不仅仅是功能的设计，更是对用户体验的设计。

技术是工具，用户体验才是目的

当再次回想对苍穹电子的访谈时，总是会非常清晰地记起张总在介绍产品细节时的画面——按键的触摸感、启示灯光的高亮度设计、野外嘈杂环境时的提示语音、产品的外形设计，等等，而正是这些微小的因素决定了用户与产品在交互过程中的体验。正如 Ajax 之父 Jesse James Garrett 在《用户体验要素》一书里提到的，“按下按钮时的‘滴答’声似乎无关紧要，但如果这个声音决定了你是否能喝到咖啡，那么它就变得很关键了”。细节决定成败，对于工业品而言也是如此，产品的设计不仅仅是功能的设计，更是对用户体验的设计。而用户体验是一个综合的过程，产品开发“不应该拿用户体验的任何一部分来碰运气”，也“不应该靠运气来完成自己的开发过程”。这是一场马拉松比赛，而不是短跑比赛，“成功的马拉松取决于运动员如何有效地控制自己的步伐”，同样，产品开发也需要“看看各个组成部分如何结合在一起，并且为这个项目提炼出一个综合的画面”。苍穹电子不仅关注每一款独立产品在各种使用场景下的使用体验，也注重针对用户可能遇到的不同问题而提出不同的组合方案。技术是工具，用户体验才是目的，苍穹电子之所以能实现快速赶超，其根本原因不在于技术，而是在于对用户的深度理解。

尚赛光电：
在创新中守规矩，在创造中求细致

导语

在观察的领域中，机遇只偏爱那些有准备的头脑。

——路易斯·巴斯德

2016 年中国光博会上，尚赛光电团队门脸虽小，却吸引了很多同行的目光。这家研发生产 OLED 材料的小规模企业，如何在中国光电行业盛会中脱颖而出，获得如此多的关注？其企业技术在全球处于何种水平？

回答上述问题之前，首先要清楚什么是 OLED，以及它和传统 LED 的区别。OLED，中文意思是有机发光二极管，将 OLED 技术应用于照明，被业内誉为继白炽灯、荧光灯、LED 灯后，世界照明产业的第四次革命。目前，OLED 材料主要可以制作柔性 OLED 面板，这种面板与传统液晶屏幕相比，不仅清晰度毫不逊色，而且其特殊的延展性可以让屏幕弯曲，制作成超薄屏幕。

在未来，不论是大屏还是小屏都可以制作成超薄柔性 OLED 屏幕，目前这一技术已经和手机行业紧紧结合，不少大品牌厂商发布的概念手机就广泛运用了柔性屏幕，全国的屏幕厂商也已经与尚赛光电有所接触，打算推出下一代新产品。

无限大的产品需求和行业潜力，以及相对较少的产品竞争者都让尚赛光电在行业中不断发光、发亮。正如他们设计的 OLED 产品既柔软又坚韧，尚赛光电自 2011 年 7 月 12 日正式成立，六年间这家公司一直保持着灵活而又坚韧的行事作风。

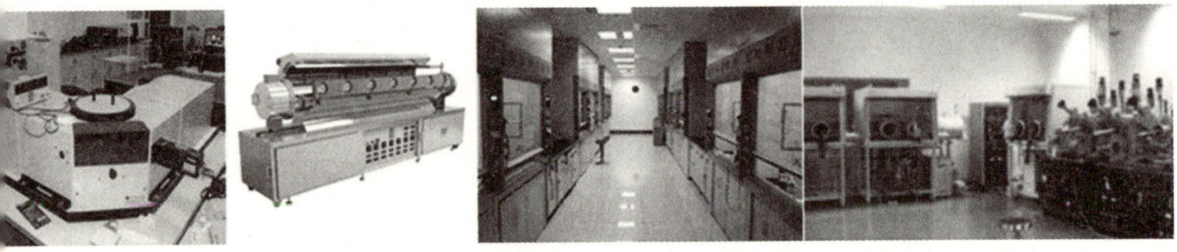

武汉尚赛光电科技有限公司（简称：尚赛光电）是一家专业从事有机发光材料研发、生产、销售的高新技术企业。本文访谈对象为尚赛光电技术总监庄少卿

创新竞赛点亮创业梦想

尚赛光电目前是一支拥有专兼职研发人员 30 余人的精专型高知团队，其中博士 6 人，硕士 6 人。而在 2010 年，还只是个雏形的尚赛光电，发源于一场华中科技大学的比赛，当时这个新星团队只有两个人。

2010 年华中科技大学的一场创新创业项目比赛上，武汉光电国家实验室博士研究生穆广园设计了一个 OLED 材料的样品，在其导师王磊的指导与建议下，产品受到全场一致好评，并且在场上，不少投资人表示看好这一行业与这个团队。在比赛中，团队获得了数万元的启动资金。在如此强信心的支撑下，尚赛光电在一年后正式成立。

在这一年间，不少市场上拥有较强实力的大企业向穆广园抛来了橄榄枝，但是怀揣着梦想的穆广园决定创业。

创业历程艰辛，随着企业越做越大，市场需求被一步步拓宽，市场对于技术的要求不断提高，越来越多的客户需要与国际接轨的 OLED 产品。在尚赛光电团队中，有一张技术“王牌”——王磊老师。王磊老师是穆广园的导师，同时也是尚赛光电的初创者之一，他的知识储备让尚赛光电拥有了强大的技术竞争力与比较优势。王老师对于 OLED 知识的探索不仅给他带来了许多荣誉，如在 2014 年王老师入选第七批 3551 光谷人才计划等，同时也让尚赛光电在行业中具有了相当的知名度。

掌握、运用了世界一流技术的尚赛光电，逐渐地吸引了越来越多的知名企业与其合作。目前，尚赛光电已经和天马微电子、华星光电两大龙头企业对接，在材料的研发与制备方面，成为这两家公司的上游供货商。

武汉尚赛光电科技有限公司
Wuhan Sunshine Optoelectronics Tech CO.,LTD

尚赛光电充满华科基因

穆广园毕业于华中科技大学，这所湖北省内数一数二的高校在过去的 20 年内，不断地为湖北省输送创新创业人才。尚赛光电就是典型的带有华中科技大学基因的创业团队。

在目前，尚赛光电仍与华中科技大学光电实验室紧密合作，不断在联合实验室中研发新产品。在笔者的眼中，尚赛光电的所有产品都具有“华科气质”，从研发态度，到产品设计，处处都体现了华中科技大学的特点。

在穆广园眼中，所谓的“华科气质”是守规矩、做工细致。华科人的严谨、细致很容易在企业中体现出来，尚赛光电团队中所有人的严谨与细致都会体现到企业生产的产品上。产品会因为人的极致精神而越做越好，品质越来

对外追求完美，对内企业文化追求开放和严谨。

越高。穆广园自己总结华中科技大学的精神，他认为可以简单归纳为四个字“精益求精”，这就是产品应该做到的，而且要尽量做到让客户无可挑剔。

对外追求完美，对内企业文化追求开放和严谨。开放代表着欢迎所有有创意的新方案，而不会考虑成本太高或是风格不符等细节，换句话说就是不放弃任何一个突破点。而严谨则是华科一贯的风格，这与现在所倡导的“工匠精神”相似，这份严谨终究会转化为高质量，而高质量恰恰是品牌做大的基石。

流淌着“规矩、细致”的华科基因，尚赛光电有了技术的飞跃与产品的高质量。质量上去了，荣誉自然就不会少，尚赛光电团队在2016年“创青春”中航工业全国大学生创业大赛中获银奖，并于2017年在第三届中国“互联网+”大学生创新创业大赛中获金奖。

强势文化消解放大效应

在化学试验中，往往要经历三个阶段：小试、中试、放大。这三个阶段分别测试制作1升、50至100升、吨级产品的生产。在这其中，从小试到中试再到放大，一步步的难度呈几何级数上升，正是因为制作产品的放大效应通常会暴露出以前被隐藏的问题，放大以后问题变成了改进的困难。

而企业的发展也应当如此，从小规模，到中等规模，再不断发展直至成为有影响力的大企业。在经济学中，有个定义为中等收入陷阱，指的是一个国家发展到中等收入阶段后要么继续扩大规模，要么内部分化，问题频出永远停留在中等规模国家。与此相似，企业有时也会出现中等规模陷阱。

企业随着人数的扩张，营收不能按比例上升，甚至是人数不断增加而年营收原地踏步的情况时常会发生，这就是企业的中等规模陷阱。为了应对这种困境，企业通常会从内外两方面进行“改革”。第一，从外部引入优秀人才。对于稍小规模的企业，人才可以被“不拘一格”地引入。只要是有所特长即使是没有工作经验的新人也可以加入。第二，从外部引进管理制度，这种改进可以依靠大公司的培训，也可以从其他优秀企业中模仿学习。而从内部，则要靠企业文化的支撑，让企业员工的信心、科研实力、产品质量得到显著提升。

企业文化的培养，能提升员工信心。对于员工而言，企业是他们自主选择的第二个家，家风的形成，会渐渐内化成家庭中所有人的共同性格和气质。同理，企业文化也会内化成员工工作风格，变成一种标准，最后转化到企业效率上。因此，好的企业文化能够帮助企业提升效率。尚赛光电的企业文化主张“笃信、创新、开拓、超越”，对于员工个人而言，这是对其性格的激励，对于自我应当自信、不断超越、挖掘、突破。只有不断打碎又重建自我，才能把自我融入集体，融入团队，成就优秀团队，同时也能提升员工在团队内部的自信与自豪感。

企业文化也会内化成员工工作风格，变成一种标准，最后转化到企业效率上。

企业文化的塑造，也能提升科研实力。技术的增进不仅需要大量的资金投入，还需要良好的创意氛围和一点运气。运气不可控，但是事在人为，资金可以融，创意氛围可以营造。创意氛围的构建需要依靠适当的企业文化的孵化。

技术的增进不仅需要大量的资金投入，还需要良好的创意氛围和一点运气。

企业文化同时也能帮助产品更加完美。2007 年，乔布斯为世人带来了跨时代的新型产品——智能手机，新产品的推出不完全是乔布斯的功劳，也有苹果公司另类思考企业文化的推动。只有跳出了固化的产品发展思路，才有可能了解时代需求，创造时代新产品。尚赛光电团队坚信，在企业快速发展的阶段，不仅仅需要从技术上完善自己的产品质量与提高用户体验，还需要从长远角度考虑企业未来新产品的设计与制造。

结语

尚赛光电快速发展的秘密，是“好跑道 + 好技术”，在跑道方面，他们选择了未来有较大潜力的柔性屏幕，做整个行业的最上游，提供所有新产品的原材料供应，这就正如在工业革命时代钻井挖煤一般，市场潜力巨大。同时，走出华中科技大学的博士生们，拥有其他公司不具备的技术优势，不仅仅掌握先进知识，而且拥有行业大牛，在学术研究方面已经站在了前沿。

在这种双核发展引擎的驱动下，尚赛光电把视野定在了国际市场，他们决心要实现国际光电行业的以小博大。这一目标的实现有两方面保障：第一，在国内，尚赛光电的产品除了自身开设工厂以外，还积极寻找代工厂生产。规模化的生产保证了产品物美价廉，其成本仅为海外市场的三分之一到四分之一，十分有竞争力。第二，在生产仪器上尚赛光电也进行了改良，在集成过程中用到的升华装备，就是由尚赛光电团队拥有自主知识产权改进的器材。在使用改良器材后，不仅能提高生产率，还能优化工艺，提高质量与效率。下一步，尚赛光电已经明确了进口替代的战略，不仅仅要成为欧美供货商，还要与日韩等行业传统优势企业竞争，充分利用后发优势，直至真正实现弯道超车。

极意网络：

始于验证，而不止于验证

导语

天下有定理而无定法。定理者，知人而已矣，安民而已矣，进贤远奸而已矣；无定法者，一兴一废一繁一简之间，因乎时而不可执也。

——王夫之

在极意的官网上有这样一段话：全球交互安全创领者，率先利用生物特征与人工智能技术解决人机交互安全问题，引领着交互安全领域的革命与创新，专注交互安全5年，每天为全球22万家网站与APP提供超过7亿次交

极意于2012年在中国武汉成立，是全球交互安全创领者，率先利用生物特征与人工智能技术解决人机交互安全问题，引领着交互安全领域的革命与创新，已获得来自天使湾、IDG和红杉资本的投资。图片为极意网络创始人兼CEO吴渊（左）以及联合创始人张振宇（右 / 本文访谈对象）。

互安全服务保障。

很难想象刚刚步入社会的大学生能够在短短的几年内打开国内外的市场，一方面能通过把验证过程抽离出来，引领验证行业的变革；另一方面又能做到持续学习，将公司的未来置于颠覆自我的创新之上，让人不由得对面前这个面目清秀、似乎还带着几分清新书生气的男士心悦诚服。他就是极意创始人之一，张振宇。

从能力到行为，剥离流程验证于无形

交互是互联网最本质的形态，因此端口的重要性显而易见。全球 22 万家企业在使用的极意（GEETEST），就是这样一个端口。

互联网的 WEB2.0 阶段开启了人机交互，同样带来了诸多的问题，例如，一些不法商家为牟利而使用机器刷新来抢占先机，或是盗取用户安全密码。因此，出于区别“真人”与“机器”的需要，“字符验证码”首先进入市场。我们在各类网页点击确认按钮之前，被强制要求输入的歪歪扭扭的子母或是数字方格，包括曾经红极一时的 12306“抢票高能验证码”，都是较为常见的应用认证。可是，这种验证方法运用一段时间后便难以为继，一方面随着其反向技术的发展，字符验证的安全性逐渐受到了越来越多的挑战；另一方面，验证码设计者出于网络安全考虑而加入的越来越复杂的线条干扰，已经造成了愈发沉重的用户体验负效应。

武汉极意网络科技有限公司，敏锐地察觉到了这一点。传统的字符测试之所以能作为通用的验证方式，主要是源于对人类生物能力的考量，即有较高识别随机字符的能力。但是更加方便简洁的行为特征，例如我们拖动鼠标的浮动过程，作为可挖掘的人类本质行为特征之一，同样是机械化或是随机运行难以模仿的。于是，滑动式的验证码应运而生。通俗来讲，就是通过记录用户拖动鼠标的滑动平均速度，还有每一小段时间的瞬时速度，用户鼠标点击情况，以及滑动后的匹配程度来区分“真人”和“机器”。

有些行外人调侃，鼠标滑行的验证码像一个玩具，应该没什么安全可言。但是真正的自信往往都不是盲目的——几个合伙人早在大学期间就已经进行了大量的实验，采取人在滑动行为过程中两百多种维度，通过深度学习的方式构建关联模型，机器程序无法完全模拟人类的行为，从而进行人机区分。当很多大公司和咨询机构接二连三地跟风开发同款产品时，他们除了感觉到竞争压力的增大，同时也欣喜地发现自己的创意已经很大程度上影响了验证行业的发展。

然而，极意依然领先于众多竞争对手的主要原因在于，当许多对手还处于刚刚接触机器学习的初步阶段时，极意已经对深度学习做了大量的研究，不断地进行产品类别和技术手段的迭代，甚至于可以精确做到在危险攻击发生半天之内，便可根据过去的数据分析经验，全部更新数据模型。张总斩钉截铁地说：“我们一直坚定地相信，产品技术一定要创新，一定不能被局限在任何一个角落。”

我们一直坚定地相信，产品技术一定要创新，一定不能被局限在任何一个角落。

这份决心让企业大大小小的案例和细节，慢慢沉淀出了骨子里“创新”的基因。例如某段时间，市面上某个新颖的技术框架，官方还没有给出比较合理的集群解决方案。而这几个自称为“武大毛头小伙”的团队核心成员，面对新的挑战，没有流露出一丝对于权威的臣服和对超新鲜事物的抵触，仅仅用了半年时间，就成功独立提出了新的可用集群方案。

总而言之，对于整体的交易环节，极意实质上是通过教育客户，从日常的支付、登录等系列步骤中，抽离出一个具体的业务模块，作为其他企业客户用于付费的业务端口，也是其创新最大的亮点。因此，从流程的角度来讲，增加了一道写入与输出；而从整个系统的角度来讲，它实际上增加了一个流程的附加值，解决企业付费客户亟待解决的两个问题：一个是如何完成安全识别，另一个是如何将成本降到最低。

2017 年，他们提出了“验证于无形”，即应用颠覆性的技术创新，在自然的情况下采集行为特征，最大程度减少对正常用户的干扰，让人们在无形之中完成验证，提升用户体验，这无疑为验证行业注入了更加强大的一剂良药。

极意的办公环境和前台

从验证到去验证，持续学习储备于无隅

极意的创始人是武大遥感测绘专业的两名毕业生。尽管在自己的专业方向有比较深厚的知识积淀，但是如果想要在人工行为分析和图像识别两个领域同时独当一面，毫无疑问，只有持续不断的学习热情与学习能力，才能支撑他们的辉煌梦想：做行业内领军的第三方验证码公司。

尽管极意从成立之初到如今，拼尽全力在验证领域打开市场，甚至引领验证革命，极意的未来方向将会是通过当前的验证服务所积累的数据，提供更多类型的企业服务。

那么企业内部有什么样的核心资源能用来创造这类最大的服务价值呢？第一，可用于研究和区分的千亿级别的用户鼠标拖动样本；第二，武大校友内部实验室有用于人机判别的经验。因此，公司的未来将不再是验证服务，而是免疫服务——通过生物学习的技术构建正常账户，抵御未来各种形式的安全冲击；或是利用业务场景的转换，也可以建立除了 IP 检验之外的使用场景验证。

创业企业的成长与成功，离不开创始人的气魄与学习能力、团队的凝聚力与创造力，以及共同营造的优秀企业文化。

创业企业的成长与成功，离不开创始人的气魄与学习能力、团队的凝聚力与创造力，以及共同营造的优秀企业文化。

两位创始人的母校——武汉大学，周遭的氛围总是散发着自由的气息，与浓厚的人文气息相互交融，使学生在思维方式上倾向于拥有更宽阔的视野。同时，校园文化对于创新的鼓励，也使得整个创业团队的探索精神，在各轮融资竞标对手中脱颖而出。同时，CEO 的视野和美术功底，也在企业前期的市场营销过程中起到了很大的推力作用。因此产品初期的营销主要通过用户口碑，而数据的沉淀、大客户的加盟，加速了企业的发展。

“只要团队在，一切都好。”张总概括了团队的核心凝聚力来源，首先，武大校园的团队奠定了深厚的感情联系；其次，成员生活中也有紧密的交集，从打游戏、打球到喝酒出游，无话不谈；最后，企业创业的目的并不是跟风，而是有共同的愿景，每个人肩上都有一种使命感和责任感，不只是企业服务，还要革新技术，引领行业发展。

企业文化要求员工不仅仅是机械地完成项目，更要学会思考技术背后的本质。但在制度上没有条条框框，员工很少加班，甚至除维护产品的工程师外，专门聘请人员阅读行业前沿的报告和文献，为企业的未来持续积累。这些对于一个新兴的互联网公司而言，甚是难能可贵。

结语

莱维特是营销学的祖师爷，他说过一句话：“客户要的不是直径 5 毫米的电钻，要的是直径 5 毫米的钻孔。”用什么方法得到钻孔，用户并不在乎。由此类比，客户第一阶段需要的不是一个字符，而是安全的验证，因此极意开始了新的“滑动验证”的时代；而在第二阶段，通过滑动验证积累的数据作为新形式的安全支撑，这也是规律和法则的关系。天下有自然规律，但是没有恒定的法则。企业需要安全与成本的考量，但是只有极意能够将滑动验证的创新落到实处，因此不甘平凡、胸怀气魄的追梦者们，尝试着打破一些行业思维定式，建立了新的验证步骤的附加值。定理者，是了解行业 B 端客户的两大需求，知人而已矣。

客户要的不是直径 5 毫米的电钻，要的是直径 5 毫米的钻孔。

一个有趣的观点认为，所有的创新都有一个最重要的本质，就是是否有人愿意为你的创新买单，没人买单的创新那不叫创新，只是自娱自乐。大学生能够将创意的异想天开变成实实在在的产品，吸引到多轮投资已属不易。而作为智者的极意，不仅找到了为之买单的投资方，更重要的是绝不满足于当下的因循守旧，而是高瞻远瞩，做得到产品的迭代，看得见行业的兴替，一兴一废、一繁一简之间，都出于本心，而不止于当下。

高瞻远瞩，做得到产品的迭代，看得见行业的兴替，一兴一废、一繁一简之间，都出于本心，而不止于当下。

独声班：
独立之声，拥抱“意外”

导语

你的时间有限，所以不要为别人而活。不要被教条所限，不要活在别人的观念里。不要让别人的意见左右自己内心的声音。最重要的是，勇敢地去追求自己的心灵和直觉，只有自己的心灵和直觉才知道你自己的真实想法，其他的一切都是次要的。

——乔布斯

“独声班”是武汉迈异公司唐兆希先生和一群崇尚创新的创业青年发起的，意在鼓励发出独立声音、探索组织柔性扩展、促进社交连接的松散型、自组织、无边界的非正式学习型组织。本文受访者为“独声班”的创始人唐总和活动主创班长陆铃妹

这是一次特殊的访谈，因为将要访谈的对象不是以往身经百战的企业创始人，而是一个90后小姑娘。小姑娘姓陆，是迈异公司总经理唐兆希先生的助理，更重要的，她还是“独声班”的班长大人。“独声班”作为迈异公司的一个非正式组织，集结光谷众多各具特色的少男少女，成为大家在工作之余的个性展示平台。它不是对内服务，而

是对外延伸，因此虽然背靠迈异，但实质上却独立于迈异。

陆班长身材娇小，谈吐活泼，采访当天身着姜黄色衬衣，在武汉明媚的天气里，很有一种年轻人的跃动感。随行的还有三位小伙伴，都是“独声班”的志愿者，是特地请假过来的。

作为外部创新的孵化器

“独声班”是唐总到了武汉才有的，到现在不过三个月时间，但已经成为光谷年轻人的重要聚集地。作为“互联网永远的小学生”和“互联网永远的创业青年”，唐总对创新有着深刻的认识。创新往往源自企业外部，是具有不同知识和见解的个体相互交融碰撞产生的意外结果。创新需要一个更广泛的自由空间，让每一个个体的独立思想和见解在这个空间里发酵，“独声班”的发起，正是为了创造一个这样的自由空间。

“独声班”已经组织过诗朗诵、电影分享和主题阅读等活动，还办了一次“寻找最美天空之城”的摄影比赛。陆班长介绍，“而那次摄影比赛，意外地成为迈异在产品发布会上的一个亮点”。2017 年 8 月 3 日，迈异和阿里云合作举办的产品发布会，与“独声班”并没有什么关联，但当陆班长在现场办了一场“寻找最美天空之城”的摄影展后，整个发布会的调性就变得十分不一样了。摄影展吸引了来往的很多年轻人，他们会问迈异是做什么的，为什么一个云服务公司会做这么好玩的事情，这样的好奇心大大提高了迈异的知名度，并打上了“好玩”的标签，“你知道当下‘好玩’这个词有多值钱吗？”陆班长很是激动。后来，光谷创意产业园区和金融港的管委会也前来寻求合作，希望这样的摄影展能在园区里也办一次。不仅如此，未来迈异还将用这些摄影作品来做云服务的广告，在每张作品上写上一句话，让广告充满诗意，让技术变得性感。

未来“独声班”能够承接的角色将更多。“独声班”可以将企业软件的内测游戏化，产品的研发初期，市场的反馈至关重要，但是内部员工在测试软件时，往往会把它看成一种额外的工作负担，而在“独声班”做这件事情，则变成是一种有趣的游戏；一些企业或者工会组织需要创办活动，也可以和“独声班”进行合作。这些需求随着“独声班”的发展而逐渐出现，未来“独声班”还可以承接哪些角色，很有可能会大大出乎我们的意料。

“独声班”在武汉光谷

作为独立个体的发声地

关于“寻找最美天空之城”的活动，唐总最后作了很生动的补充：寻找最美天空之城，捕捉的其实不仅仅是某一个画面，而是每一个人对自己内心世界的一种表达，是内在心理的表征，我们通过欣赏别人的作品，学会通过别人的视角欣赏同一片天空。这也是“独声班”的内在精神，无论每次聚会的主题和形式是什么，都是给每个人机会发出自己独立的声音，同时聆听别人独立的声音，这就是独声班的目的，欣赏包括自己在内的每一个不同的个体。

因此，我好奇地想要知道三个小伙伴参加独声班的最大感受。坐在边上的拾壹姑娘，个性鲜明，是另一家公司的董事会秘书，酷爱汉服，喜欢旅游，加入独声班的最大感触是“做自己”，不需要为了什么目的，轻松地表达自己，如果要出一期主题策划，她希望做旅游相关的分享。

旁边的帅小伙是迈异的实习生，今年刚毕业，性格内向又十分热情，在这里的最大感触是“包容”，让像自己这样内向性格的人也会勇于去展现出自己的另一面；最后一位是留学日本刚回国的自由画家，出于对作品的欣赏和认可，大家亲切地称她为“吴老师”，在这里她最深的感触是“认同感”。

学习是一种内在成长，应该以兴趣为导向，而不是对外部需求的应急反应。

当这些特质成为独声班的基本色调后，独声班就成为一个多元化流动性的学习型平台。学习是一种内在成长，应该以兴趣为导向，而不是对外部需求的应急反应。独声班是一群有志青年进行的自由探讨，它打破标准，成为一种组织形式的学习。而作为企业家，也愿意自己的员工可以加入这样的组织，因为企业的创新是以员工的创造力为基础的。这样的文化持续沉淀和延伸，它就会成为创新的土壤，从外部反过来推动企业内部的创新。

作为去中心化的非正式组织

独声班到现在运营了三个月，参与人数已经达到 140 多人，涉及企业 40 多家。而陆班长自己也是才来武汉三个月，初来乍到如何能够让独声班从一个概念迅速落地成为连续开展活动的实体？当问到在独声班从无到有的发展过程中，什么最难的时候，陆班长反而有些迟疑，思索了一会儿，笑着说：“我的老板也在等我哪一天说，我一个人不行了。所以要真的说有什么难处，应该就是一个人有点吃力吧。”

对于这样的组织活动，通常最难的是创造内容和组织人员参与。而这两点在独声班成立之初就不是太大问题。第一期活动主要参与人员是迈异公司员工，十二个人参与，只有两位来自企业外部。但是很快，第二期就开始出现更多的外部参与者。因此对于人员参与问题，陆班长比较放心，“当参与者自己认可这样的活动后，就会主动向身边的朋友推荐，现在，我们已经不需要做太多的前期宣传，就可以稳稳地有二十人左右参与，还主要是外部人员。”现在，独声班已经不只是只有一个班长的“班级”，已经有体育委员、文娱委员、宣传委员等固定人员，以志愿者的身份来分担独声班的运营工作。在内容创造上，随着人员的流动和组织的成熟，反而呈现出更多的主题和形式。以基本的“森林图书馆”主题阅读向外延伸，可以讨论的话题有很多。而“森林图书馆”的建立也是基于每个人的主动贡献，每个人会将自己最想分享的书送给图书馆，让书本流动起来。

在组织流程上，陆班长还沉淀了一套标准化的 SOP（标准运作程序）。从前期的宣传工作到后期的内容运营，SOP 将每个环节的工作细分，落实到具体的时间点和负责人，并且会根据每一次活动出现的新问题进行调整，精益求精。有了这份 SOP 对流程标准化的沉淀，独声班就有了向更大范围扩张的基础，它让独声班的成功经验变得可借鉴可复制。而独声班想要创造创新所需要的自由空间，正是需要不断地对外延伸，让更多的人发出自己独立的声音，当更多具有独立精神与见解的个体彼此学习，发挥各自的能量后，我们将收获意外的惊喜。

“独声班”森林图书馆·阅读分享会中的“播种环节”，每个同学把捐的书装进布袋子，并写上自己的名字和书名。

结语

2017 年 9 月，亚马逊商业畅销书排行榜第一名是一一个组织若是想要成功，并不是看创始人的能力和掌握的资源有多少，而是这个组织是否足够尊重优秀的想法，无论这个想法是源自于谁，高管还是新人，都必须要遵从“idea meritocracy”。

本叫作《原则》的书，书名和作者本人一样低调，内容和作者本人一样深刻。作者是投资界大牛雷·达里奥，“桥水基金”的创始人。书里，达里奥总结了自己几十年来的人生与工作原则，在上百条的工作原则里，最为关键的共有前提假设是“idea meritocracy”，即优秀想法至上。这个前提假设的基础在于，达里奥深刻地知道，“每个人都是不同的”。基于这样的前提，达里奥认为一个组织若是想要成功，并不是看创始人的能力和掌握的资源有多少，而是这个组织是否足够尊重优秀的想法，无论这个想法是源自于谁，高管还是新人，都必须要遵从“idea meritocracy”。那么，要如何使大家勇于拥有并表达自己的观点，需要另一条原则“Radical transparency and radical truth”，即极度透明和真实。

互联网出现之前，个体要实现个体目标一定要依附于组织；互联网出现之后，组织要实现组织目标一定要依附于个体。

关于组织和个体关系的新认识，陈春花教授在《激活个体》一书中也有深刻的揭示：“互联网出现之前，个体要实现个体目标一定要依附于组织；互联网出现之后，组织要实现组织目标一定要依附于个体。”这是互联网对组织属性进行的重新定义，在这样的背景下，“具有系统性思考的领导者，依赖于激发个体内在价值，而不是沿用至今的组织价值，来考虑整体以及个体的行为。这种新的范式中，有关个体价值的创造会成为核心，如何设立并创造共享价值的平台，让组织拥有开放的属性，能为个体营造创新氛围，则成为基本命题”。因此，陈春花教授指出了组织的未来方向，走向“水样组织”——在这里，每个人都习惯协同，像水一样变换，在这件事情里，你是最重要的，在另一件事情里，你可能是最普通的。

“独声班”的存在，可以说是在这样大趋势背景下的一次勇敢实践。想要让组织遵从“idea meritocracy”，想要让组织实现“水样”状态，最根本的是要有真正独立的个人，敢于说出自己的想法。然而对于大部分人而言，我们更习惯于接受，接受外界告诉我们的游戏规则，接受外界灌输的观念，我们羞于表达自己的感受，也很少真正地维护和坚持自己的观点，我们甚至并不知道什么是自己喜欢的，自己想要的。当作为组织细胞的个体是处于这样的被动状态时，组织该如何实现它的目标？“独声班”以一种独立于企业的姿态出发，在我看来其实是在做培养独立个体的第一步。搭建平台，以兴趣为导向，鼓励周边其他企业的年轻人参与，鼓励他们在群体中表达自己，展现自己，让他们在现有组织体系下，还拥有另一个空间，在这里摸索和实现自己，也学会理解和尊重别人，而这，才是个体价值的根本来源。当个人可以勇敢地成为自己，那么，在工作上，他也一样会坚持自己，以自我实现为目标，而不是被动地接受和完成。可以说，独声班本身是“水样组织”的践行，同时也是在为“水样组织”打造地基。

搭建平台，以兴趣为导向，鼓励周边其他企业的年轻人参与，鼓励他们在群体中表达自己，展现自己，让他们在现有组织体系下，还拥有另一个空间，在这里摸索和实现自己，也学会理解和尊重别人，而这，才是个体价值的根本来源。

而且，“独声班”作为不同企业员工共有的自由平台，它极度开放，高效流动，也成为不同行业之间、不同企业之间互相交换信息与知识的平台，让企业之间产生更多的链接，打破边界，在不断的摩擦和碰撞之中，我们不知道接下来会有怎样精彩的故事，会产生怎样美妙的火花，也许某天一次漫不经心的聊天，就意外地聊出一个了不起的想法；也许某天一次只因兴趣的活动，就意外地促成一桩意想不到的合作。这些，我们计划不来，也想象不到。

而对于我们自己，也正是如此。我们愿意用整个人生和无数次的热血生命去等待一份叫作“意外”的礼物，而所有能称之为“意外”的发现，无不以自由意志和独立思考为前提。“独声班”用独立之声等待这样的“意外”，拥抱“意外”，我想，这就是“独声班”的初衷。

我们愿意用整个人生和无数次的热血生命去等待一份叫作“意外”的礼物，而所有能称之为“意外”的发现，无不以自由意志和独立思考为前提。

后记与致谢

和唐兆希先生因为创业而结缘已经十年有余。唐先生是创业青年中的学者，我是学者中的创业青年，一起写书对我们而言更像是命定的，只是无法料定以这样的一本书开局。

同样出乎意料的是，本以为一本书写完后，一件事就完成了。而本书却在即将付梓之前，笃定这件事才刚开始。“创心”不仅闪耀光谷，也闪耀神州大地的各个高新区和企业。把这个时代弥足珍贵的“创业的心”“创造的心”和“创效的心”加以总结提炼，集结成册，为创业者立言，为企业家立传，为新时代树新风，为后来者立楷模，既是本书的意义，也是本书开启的新征程。

不管是一家企业还是一个人，可持续发展的一个前提是，做时间的朋友。本书开启的就是“时间朋友”模式。伴随访谈企业数量的增加，共性特征会逐步显露，启示意义和借鉴价值会不断叠加。因此，我们愿意为之持续投注时间和精力，这既是本书给我们的馈赠，也是时代赋予我们的使命。

2017 年对于创业者和企业家注定是不同寻常的。9 月 8 日，中共中央国务院发布了《关于营造企业家健康成长环境弘扬优秀企业家精神更好发挥企业家作用的意见》，这是中央首次以专门文件明确企业家精神的地位和价值，并对弘扬优秀企业家精神提出明确要求，即弘扬企业家爱国敬业、遵纪守法、艰苦奋斗的精神，创新发展、专注品质、追求卓越的精神，履行责任、敢于担当、服务社会的精神。本书及其开启的后续工作正是积极响应党中央提出的弘扬优秀企业家精神的应有之举，我们为能够在这样一个时间窗口选择做这样一件事而倍感荣幸，并备受鼓舞。

本书最初的设想是写两到三个创客案例，在与东湖高新区产业发展和科技创新局丁鹏先生、光谷创新发展研究院赵荣凯院长交流过程中，发现“创心闪耀光谷”，许多经典的创客案例不忍割舍，才有了本书的 30 个案例。

感谢丁鹏和赵荣凯先生，让我们有缘能够访谈光谷最有代表性的一些创业企业，倾听企业家们勇于创新、敢于担当、赋能感人的创业故事，感受新时代光谷优秀企业家催人奋进的精神面貌。

感谢北京理工大学出版社的张慧峰编辑，让我见识了编辑的严谨与高水平的职业素养，体会到换位思考、精诚协作的魅力。

感谢光谷创新发展研究院的董家瑞、陆洋、张迪先生，以及光谷创业产业孵化器的肖玲女士、郑光先生，在武汉 8 月的炎炎夏日中带着我们走访一家家企业，没有他们的精心安排与引领，访谈不可能得以顺利进行。

感谢北京理工大学人文学院的同事陈洁老师，放弃暑假的休闲时光，和我们一起顶着烈日深入企业访谈，辅导学生进行案例写作，并对每一篇稿件进行修改完善与文字校对，付出了大量的时间。既让我感受到同事之间相互帮持的温暖与乐趣，也让我收获了跨学科协作的互补与高效。

感谢迈异科技的陆铃妹和邵丹女士，在访谈期间为我们贴心安排的精美食谱，让我们的肠胃在头脑风暴之余，还能酣畅淋漓地体验美食的快乐。

感谢我的学生刘梦玲、马羽彤、白雨晴、傅方圆、邓紫涵、杨溢和张臻，他们全程参加访谈，并对访谈录音进行整理加工形成文稿，没有他们的付出，本书不可能按计划完成。祝愿他们学有所成、健康成长、前程似锦。

钟惠波

2018 年元月，于北京良乡丹枫园